AS ORIGENS DOS DISTÚRBIOS PSÍQUICOS

AS ORIGENS DOS DISTÚRBIOS PSÍQUICOS

HAROLDO SILVA

Artesã

As origens dos distúrbios psíquicos

1ª edição - 1ª reimpressão em fevereiro de 2024

DIRETOR
Alcebino Santana

DIREÇÃO DE ARTE
Tiago Rabello

REVISÃO
Cristhiane Maurício

IMAGEM DE CAPA
©depositphotos.com/ Rolffimages , Brain cells with electrical firing.html

PROJETO GRÁFICO
Conrado Esteves

DIAGRAMAÇÃO
Virgínia LoureiroW

S586 Silva, Haroldo.
As origens dos distúrbios psíquicos/Haroldo Silva . – Belo Horizonte : Ed. Artesã, 2018.
122p. ; 23 cm.

ISBN: 978-85-88009-87-5

1. Psicologia. 2. Psiquiatria. I. Título.

CDU 159.9

Catalogação: Aline M. Sima CRB-6/2645

IMPRESSO NO BRASIL
Printed in Brazil

ARTESÃ EDITORA LTDA.
Site: www.artesaeditora.com.br
E-mail: contato@artesaeditora.com.br
Belo Horizonte/MG

Sumário

Introdução

O comportamento humano não é tão simples quanto parece. Há muitos fatores que podem influenciar o comportamento. Para a Psicologia, o que se considera mais são os aspectos relacionados à infância, que podem causar alguns tipos de comportamento que não se enquadram dentro de um padrão normal. Mas também considera outros fatores além desses, embora a ênfase maior seja a infância.

A Psicologia também considera os aspectos estruturais do indivíduo, o tipo físico de cada indivíduo com relação ao comportamento, a condição social e outras possíveis variantes, que serão descritos no decorrer desta obra.

Muitos confundem o trabalho da Psicologia com a magia, cuja área de atuação é bem diferente da Psicologia. A Psicologia não trata destes assuntos e não trabalha nesta área. Também não se relaciona à espiritualidade. Isso fica a cargo de profissionais que trabalham com a parte espiritual. Quando algum indivíduo tem algum problema de ordem espiritualista, como nos casos das chamadas casas mal assombradas e diversos outros casos dessa natureza, às vezes até pede ajuda do psicólogo, mas em nada a Psicologia se relaciona a esses casos.

O trabalho da Psicologia é relativamente simples, mas muito importante. Pode contribuir bastante com a evolução pessoal e até social. Visa apenas ao ajuste comportamental referente ao que está inconsciente no indivíduo, o que é o principal trabalho da Psicologia Clínica, além de alguns outros objetivos, que são também relevantes às pessoas.

Vários são os objetos de estudo, como a Biologia. Também a Sociologia, a Antropologia. Todas essas são disciplinas cujos estudos são aproveitados para a Psicologia, além de outras.

A Psicologia também tem seus objetos específicos de estudo. Divide-se em Psicologia Clínica e Empresarial, chamada também Psicologia Industrial. Além de outras áreas específicas de atuação, em cursos de especialização.

A Psicologia Clínica é a Psicologia terapêutica. O trabalho da Psicologia Clínica é apenas referente à vivência do indivíduo, o que influi com relação a aspectos inconscientes que podem gerar diversos tipos de comportamento no indivíduo. A Psicologia Clínica trabalha com o indivíduo basicamente pela sua catarse, em que se expõe pela fala, embora haja alguns métodos de trabalho, mas é principalmente pelo que fala o cliente que consiste o trabalho da Psicologia Clínica. Entretanto, com o desenvolvimento da Psicologia, já existem alguns trabalhos mais práticos, como os de movimentos corporais, que podem ter algum valor terapêutico. Pois há realmente necessidade de trabalhos mais práticos. Para a criança, os trabalhos psicológicos são bem mais práticos.

As teorias psicológicas são bastante importantes e ajudam a compreender o indivíduo em seu desenvolvimento, principalmente na infância. Mas há também alguns desajustes comportamentais que se relacionam à fase adulta e também à adolescência.

A Psicologia Empresarial é outra grande área de aplicação da Psicologia, que tem por objetivo promover, por meio de testes e entrevistas, admissões em empresas, adaptações a cargo de melhor aptidão ao indivíduo, a orientação vocacional, entre outros objetivos. O trabalho da Psicologia Empresarial é feito principalmente por testes, além de entrevistas. É também uma área importante. Mas até nesse aspecto gera alguns entendimentos inadequados. Como o que acontece na orientação vocacional, em que muitos pensam que é um trabalho de comando, porém tem mais um sentido de orientação, e não contraria o que o indivíduo deseja, apenas o instrui, podendo tirar-lhe algumas dúvidas. Os testes, inclusive, podem ajudar o indivíduo a se conhecer melhor, mas não é um trabalho que lhe dá uma ordem com relação a uma carreira a ser seguida, pois cada um é que deve saber mais o que pretende.

Os testes psicológicos são bastante precisos, e alguns indivíduos podem pensar que esses testes são como os jogos espiritualistas, de cartas, búzios e outros, mas os testes não têm o objetivo de prever o futuro, ou qualquer orientação no sentido espiritualista. Há bastante confusão entre os objetivos da Psicologia e os trabalhos da área espiritualista.

Muitos podem pensar, por esse motivo, que a Psicologia é um trabalho sem muito valor, porém ela tem grande valor, pois nossa sociedade é bastante complexa, podendo ajudar a gerar vários tipos de neurose, até mesmo contribuir para certas crises psicóticas. Não significa que todas as anomalias de ordem psicológica sejam devido à condição social, mas esta também influi bastante.

A Psicologia científica é ainda relativamente recente, iniciou-se no final do século XIX, e tem pouco mais de cem anos. Tende a progredir mais com o tempo, embora já tenha conseguido uma boa evolução, pois participa em quase todos os setores da sociedade, com seus trabalhos.

A ciência poderia ter bem mais participação na sociedade. A Psicologia poderia, com seus estudos, participar mais com relação às normas sociais e até auxiliar na elaboração de algumas leis. A sociedade capitalista e industrializada não tem um desenvolvimento social adequado. É preciso que a Psicologia, junto à Sociologia, contribua mais para a evolução social, além de outras disciplinas que também podem colaborar nesse sentido. Há vários equívocos na convivência social, devido à não efetiva participação da ciência, em geral, na sociedade, por exemplo, para ajudar o indivíduo a ser mais respeitado, mesmo quem tenha cometido algum delito. Os tratamentos são diferentes para quem é rico, tem muito prestígio, e comete algum delito, e quem é pobre e também cometeu algum delito. Isso pode gerar revoltas e vários conflitos sociais entre as pessoas. Todas as ciências poderiam contribuir bem mais para o desenvolvimento social. Embora isso tenha já acontecido em parte, ainda não é suficiente.

A Psiquiatria tem objetivos semelhantes aos da Psicologia, porém é uma área médica, que trabalha mais com recursos médicos. A Psiquiatria trata dos casos mais graves, de desarmonias psíquicas. É um trabalho com efeitos mais rápidos do que a terapia psicológica, pois as crises podem ser repentinas, precisando, pois, de resultados mais imediatos. Tem grande importância, assim como a Psicologia, que trabalha com casos menos graves da área comportamental.

As várias áreas da Medicina também podem contribuir, pois há vários distúrbios psíquicos que têm relação com o estado físico do indivíduo.

Há também outras teorias de outras ciências que podem explicar o comportamento humano, como a Sociologia. Igualmente diversos conhecimentos orientais podem ajudar a entender os distúrbios psíquicos, além das teorias psicológicas e outras da ciência ocidental.

CAPÍTULO 1

O inconsciente

A parte inconsciente é o grande foco de estudo da Psicologia. Por essa razão, a infância tem grande importância para o estudo psicológico. A infância é a fase de que o indivíduo normalmente não tem lembranças e por isso fica quase tudo no nível inconsciente.

Cada fase da infância tem uma grande relação com o comportamento. Essas fases relacionam-se com o que pode gerar desajustes psicológicos, se não houver superação dos fatos que provocam alguns tipos de comportamento inadequados, além das diversas experiências na infância que também podem gerar algum desajuste comportamental.

Quando o indivíduo nasce e até perceber integralmente seu corpo, sente-se como ser único a quem tudo pertence. Depois que percebe bem seu corpo, pode não mais conseguir sentir-se dessa forma e se achar como um ser ainda integral. Isso pode ter relação com distúrbios psíquicos, relacionados à esquizofrenia, mas não é a causa única, pois a causa da esquizofrenia é bem complexa. Também pode ter muitas outras repercussões comportamentais, mas pode haver alguns distúrbios físicos correlacionados, quando o caso for mais grave. É de grande importância a parte física em relação ao comportamento, principalmente em casos mais graves.

Há algumas fases, como a do complexo de Édipo, que, se não forem bem superadas, podem gerar no indivíduo ciúmes em exagero, além de outros possíveis desajustes. Porém isso não depende apenas da condição psicológica. O indivíduo tem suas propensões devido à sua estrutura física e psíquica, que podem também contribuir para qualquer desajuste psíquico e qualquer tipo de comportamento. Se houver algum tipo de patologia física, poderá ter algum desajuste psíquico, ou mesmo dependendo de sua condição física em geral.

As fases de desenvolvimento da libido também podem gerar alguns tipos de comportamentos inadequados, se não houver um desenvolvimento normal referente a cada fase. Anomalias sexuais podem estar relacionadas com a fase de desenvolvimento genital. Alguns vícios podem ter relação com a fase oral. Porém o estudo psicológico estritamente referente aos aspectos de ordem psicológica não explica tudo. Vícios, por exemplo, podem relacionar-se a outros aspectos estruturais e até mesmo genéticos, além de aspectos sociais, mas não exclui a fixação oral, em alguns casos.

O ser humano passa pelas mesmas fases de infância e praticamente todos temos alguns tipos de anomalias psíquicas, mesmo de uma forma não contundente para muitos, mas todos temos um pouco de paranoia, por exemplo, pois o complexo de perseguição, que é peculiar da paranoia, é referente ao desenvolvimento psicológico. Quando o indivíduo começa a sentir seu limite físico, e não tendo um desenvolvimento consciente ainda, alguns fatos eventualmente ocorridos com ele podem gerar algum complexo de perseguição, o que pode permanecer por toda a vida. Isso é até normal em praticamente todos os indivíduos, mesmo adultos, embora haja uma relação de anormalidade, que não é difícil de ser constatada em alguns. Porém, se formos pensar em termos de normalidade, não há ninguém que seja totalmente desprovido de algum desajuste psicológico, pois a fase infantil é bastante propensa a ter diversos problemas, já que é a fase mais inconsciente da vida humana pela qual todos passamos. As diferenças ficam para os que não têm controle sobre si próprios, o que pode estar relacionado a um distúrbio físico, além de outros possíveis fatos geradores de desajuste psíquico, que podem ter uma maior repercussão em relação à parte psíquica.

A mania de perseguição, referida anteriormente, é comum a todos, mas, em alguns casos, pode ser bem mais pronunciada, relacionada à paranoia, cuja principal característica é justamente a mania de perseguição. Além disso, pode ocorrer também com a pessoa, no caso da paranoia, desconfiança em excesso, delírios, em algumas ocasiões, e certo desinteresse social. Essas são algumas características da paranoia. Mas há características desse distúrbio que são peculiares a diversas pessoas, mesmo consideradas normais. Embora haja realmente um grau de anormalidade, que pode ser bem característico de alguns.

É comum de acontecer que, ao olhar uma propaganda em uma parede e perceber que alguém está parado perto daquele local, uma pessoa pense que o outro está olhando para ela, mas é apenas uma impressão, pois esse alguém observa somente a propaganda. Esse é um exemplo, mas isso é normal a qualquer indivíduo, pois essas impressões de infância referentes à perseguição continuam com o indivíduo na fase adulta. Porém há os que se sentem perseguidos sempre, como no caso da paranoia, em que se o indivíduo vê alguém passando e, sem nem mesmo o outro olhar para ele, pensa que esta pessoa o está perseguindo e, se o indivíduo estiver acompanhado, comenta que aquele transeunte o está perseguindo e fica bastante preocupado. Ora, essa situação já está fora do normal. Nesse caso, o indivíduo precisa de uma psicoterapia. Também pode precisar do trabalho do psiquiatra. Assim, não se podem confundir alguns fatos, como o caso referido da propaganda, em que o indivíduo pensa que alguém está olhando diretamente para ele, e que, apesar do engano, é normal. Por outro lado, há pessoas que realmente se preocupam muito, pensam que estão sendo observadas, mesmo por engano, e comentam que estão sendo perseguidas, e também em outras situações normais podem se sentir perseguidas, então isso está fora do normal.

Psicopatologias

Há dois tipos principais de psicopatologia, *a neurose e a psicose*. Há também a *oligofrenia*, mas é um caso para o qual não há cura, apenas pequenas melhoras. São termos gerais para diversos quadros de patologia psíquica. Há algumas diferenças, mas há algumas semelhanças também entre quadros psicopatológicos. Na neurose, o indivíduo tem mais capacidade de autocontrole, tem mais interesse social, relativamente mais consciência. Já a psicose é uma anomalia mais grave, em que o indivíduo não tem muito controle sobre si próprio, não tem bom nível de consciência, em alguns casos, ou mesmo em algumas situações, além de outras diferenças. Mas cada indivíduo é único e nem sempre pode ser classificado como tendo um tipo de neurose ou psicose, pois as reações são diversas, e o comportamento de cada indivíduo também pode ser diversificado. Porém há casos mais notórios em que poderia o indivíduo ser realmente classificado como psicótico, pois neuróticos são praticamente todos os seres humanos. Todavia, essa classificação deve apenas ser do conhecimento do profissional da área Psiquiátrica ou Psicológica, ou outro profissional envolvido, pois há bastante preconceito com pessoas que têm alguma anomalia psíquica declarada.

A oligofrenia é o termo designado para os deficientes intelectuais. Também há várias classificações, dependendo do grau de oligofrenia. A diferença entre neurose e psicose e a oligofrenia é que nos dois primeiros tipos de psicopatologia pode não haver deficiência intelectual, enquanto o terceiro é caracterizado pela deficiência intelectual. Inclusive nos quadros neuróticos e psicóticos, não há deficiência intelectual relacionada diretamente a eles, o que não é regra absoluta, porém.

Exemplos de neurose: neurose obsessiva, neurose histérica, e outros tipos. Exemplo de psicose: esquizofrenia. Na oligofrenia (deficiência intelectual), também há quadros típicos, como imbecis, idiotas. São diversos os tipos, além desses citados, de psicopatologia. Há também os casos de demência (perda da capacidade intelectual e até de memória) devido a problemas relacionados ao idoso, por causas orgânicas e até viróticas, como a doença de Alzheimer. Também a síndrome de Korsakoff, relacionada à perda de memória, basicamente, com causas também orgânicas, além de outras características. Há diferentes outras doenças físicas que podem gerar alguma anomalia comportamental. São diversas as possibilidades referentes ao aspecto físico em geral, como encefalite e outras, relacionadas à psicose.

Muitos indivíduos que passam por períodos de grande agitação psicológica também podem ter uma doença física que mude seu comportamento, mas podem ser períodos passageiros, em que o indivíduo volta ao normal, se tudo estiver bem com ele depois. Pode haver um tempo maior em que o indivíduo permaneça com aquele distúrbio, mas ele também pode voltar ao normal; isso depende de algumas circunstâncias pessoais e até mesmo externas. Portanto, alguns dos distúrbios psicológicos podem ser passageiros.

Há pessoas que têm vícios insanos e também se alimentam de forma bem inadequada. Esses fatores podem gerar alguns comportamentos desajustados no indivíduo, pois isso se relaciona com a energia do indivíduo, o que pode realmente gerar alguns comportamentos considerados anormais, porém passageiros, se o indivíduo parar com seu vício e melhorar sua alimentação. Mas se o indivíduo não se preocupar com seu estado de saúde e continuar da mesma forma, pode vir a ter problemas físicos mais graves com o tempo, até em relação ao aspecto psíquico.

Portanto, não há como se classificar exatamente um indivíduo, mas é necessário para o profissional da área psicológica e psiquiátrica que haja classificação. No entanto, esse diagnóstico também não deve ser falado para as pessoas do convívio do indivíduo analisado e nem para outras pessoas, pois normalmente isso é prejudicial. Certamente a família pode ter conhecimento, mas o profissional não deve alarmar essas pessoas.

Nosso comportamento é bastante inconsciente, pois agimos muito por impulsos inconscientes e muitas vezes por influência de outros aspectos inconscientes, que geram muitos comportamentos anormais, em certas ocasiões. São diversas fases e situações que podem influir no comportamento das pessoas. Há também o fato de que todas as pessoas são únicas e podem não se encaixar totalmente em um tipo de patologia psíquica. São diversas as questões pessoais que fazem com que não exista uma classificação exata para o ser humano, embora seja necessária a classificação para o profissional da área, mesmo que não seja exata.

A criança pode apresentar quadros psicopatológicos logo na infância. Há o caso do Autismo, em que crianças não interagem com o meio social, não se comunicam nem com os próprios colegas, ficam fechadas em si próprias. Esse é um caso em que pode haver alguns distúrbios físicos associados, portanto, o médico psiquiatra pode ser consultado, assim como o Pediatra que tem costume no tratamento da criança, o que pode ajudar no diagnóstico em certos casos. Mas pode-se tentar ajudar essas crianças com outros meios além do tratamento médico. Por exemplo, a criança autista que começa a estudar em uma escola bem pequena poderia ser enviada a outra maior. Isso pode ser favorável, já que a mudança de ambiente, principalmente para um local aberto e de espaço maior, poderá fazer com que a criança se expanda, o que é um fator importante para que ela interaja mais com o meio, podendo influir no sentido de melhorar sua comunicação e sua interação social. Pode-se também levá-la a locais que têm espaços abertos, como parques e outros, o que pode ajudar nesse caso. Não que esses procedimentos resolvam o problema, mas já é uma tentativa válida, que pode auxiliar o trabalho profissional.

Há vários tipos de terapias atualmente; estão sempre surgindo alguns tipos novos e que podem ser válidos em alguns casos. Dizem que a equitação é muito útil para crianças autistas. Não tenho muito conhecimento desse tipo de tratamento, que é a prática de andar a cavalo. É uma terapia independente, mas, pelo que já ouvi falar, pode ser muito útil nesse caso. Porém deve ser feita com profissional bem experiente da área, pois para uma criança pequena deve ser tudo bem controlado. Os pais não devem aventurar por si próprios em trabalhos como esse, sem terem experiência nesse caso, pois é preciso muito cuidado com a criança.

Não se deve deixar tudo a cargo de psiquiatras, psicólogos e até outros profissionais, há outras alternativas, mesmo não sendo as principais, que podem também ter seu valor e serem auxiliares no tratamento pelo terapeuta comportamental.

Além do caso do Autismo, outros desajustes psíquicos podem aparecer no período da infância, porém o fato de a criança brincar muito, ser muito espontânea, pode fazer com que se livre, em parte, dos distúrbios psíquicos infantis. Entretanto, pode haver também distúrbios físicos que podem se manifestar desde a infância e gerar diversos desajustes psíquicos também nesta fase, além de diversas situações que podem contribuir para gerar algum desarranjo de comportamento infantil.

Em qualquer época da vida podem ocorrer desajustes psíquicos. Mas os distúrbios psicológicos podem ter mais influências da fase infantil. Há diversos fatos, porém, que geram os distúrbios em qualquer época da vida das pessoas.

CAPÍTULO 2

A parte consciente

A parte consciente também é importante para a Psicologia, mas o enfoque ainda não é suficiente, pois as teorias que existem visam bem mais a parte inconsciente, que realmente é o maior foco de estudo da Psicologia. De qualquer modo, precisamos muitas vezes estar mais atentos à parte consciente para que possa o trabalho psicológico ser mais eficiente.

O psicólogo não deve misturar seu trabalho com outros, de outras áreas, ou atuar em outras áreas, mas pode alertar o indivíduo, em algumas situações, para que possa também começar a ter atitudes próprias, quando for o caso, mas não deixar de procurar outro profissional, quando for necessário. O trabalho do psicólogo não é o de aconselhar, contudo, em alguns casos, ele pode instruir o indivíduo de uma forma apropriada, o que já existe, porém precisa ser um pouco mais aprofundado.

A função do psicólogo não é propriamente a de instruir o indivíduo, mas podem-se dar algumas instruções, que se relacionam a certos casos, pois a Psicologia não pode resolver tudo.

A Psicologia Clínica visa a equilibrar a parte consciente e inconsciente, para ajustar o comportamento do indivíduo. O principal realmente é o estudo da parte inconsciente. Na verdade, o trabalho psicológico clínico usa também a parte consciente para o ajuste psicológico, pois, quando é necessária a intervenção do psicólogo, este poderá fornecer algumas instruções científicas da área, referentes ao momento da psicoterapia. Mas há uma técnica mais direta, que pode ser útil em algumas situações, não como uma técnica mais profunda, que são as usuais da

Psicologia. Esta técnica é a autossugestão, que não pertence à tradição psicológica, mas pode ser usada por quem se interessar, no caso do cliente.

A técnica do relaxamento também é muito útil e pode ser utilizada por quem se interessar, mas também não faz parte do trabalho da tradição psicológica.

Essas técnicas (autossugestão e relaxamento) de disciplinas orientais podem ser úteis, mas não são técnicas profundas, que podem ter efeitos mais duradouros. Porém quem quiser usá-las pode tirar algum proveito delas, em situações corriqueiras da vida. Por exemplo, a técnica da autossugestão é usada como técnica de mentalização, que se usa para objetivos mais gerais, no caso de mentalizações. Porém até mesmo para controle psicológico também é válida. É só uma técnica e não tem maiores implicações em tratamentos de longo prazo. Há também a técnica do relaxamento, usada na meditação e mesmo nas práticas de mentalização. São simples técnicas, mas podem ajudar também quando houver necessidade, em momentos especiais, em sentido psicológico.

A aplicação dessas técnicas é propícia para o caso de uma pessoa que é muito sensível e está em situações de maior tensão (um exame, por exemplo), ficando bastante inquieta e preocupada demais. Assim, a pessoa pode usar por si própria a técnica da autossugestão, que consiste no seguinte: numa situação de tensão, ela diz silenciosamente para si que aquela circunstância não vai lhe deixar intranquila, que nada vai lhe abalar, no caso de um exame, por exemplo. Em outras situações, a técnica pode também ajudar, como num momento de decepção, por exemplo, em que a pessoa pode dizer para si (também em silêncio, apenas mentalmente) que aquilo é passageiro e não vai afetá-la, ou com suas próprias palavras. Isso não faz parte do trabalho da Psicologia tradicional. As técnicas da Psicologia são técnicas mais profundas, para resultados de longo prazo. Mas o indivíduo, se estiver interessado, pode também fazer uso da referida técnica. A autossugestão pode ser feita junto com o relaxamento físico, para tranquilizar mais ainda o indivíduo, e proporciona bons resultados, não de uma forma geral. Para problemas mais profundos, as técnicas psicológicas são bem mais eficientes.

As espécies de psicoterapias tradicionais do Ocidente, como a Psicanálise (que é demasiadamente importante), não usa essa técnica da autossugestão, nem mesmo a do relaxamento. Embora essa técnica já seja usada por alguns psicólogos, não é de uso normal da Psicologia Ocidental.

A orientação geral da Psicologia é a de não misturar técnicas, teorias e outros trabalhos com o da Psicologia, porém a própria pessoa pode por si própria usar outras técnicas, que são fáceis e podem dar resultados, o que pelo menos pode ajudar o indivíduo em alguns aspectos e também auxiliar o trabalho profissional.

Na técnica do relaxamento, que contribui demais para a pessoa se tranquilizar, também em situações de maior tensão emocional, podem-se ter bons resultados, o que é importante, no entanto somente momentâneos. Não é um trabalho profundo, é apenas uma técnica a mais. É usada nas mentalizações e na meditação, que têm propósitos diferentes dos da Psicologia, em grande parte. Sua aplicação consiste no seguinte: sentar-se bem confortavelmente, ir relaxando conscientemente todas as partes do corpo, desde a cabeça até o dedão do pé. Cada parte de uma vez, começando da cabeça, face, pescoço até o dedão do pé, inclusive as partes internas do corpo. Isso ajuda muito o indivíduo a se controlar em situações de tensão, além de trazer outros benefícios, todavia não é uma técnica profunda em termos psicológicos. Alguns psicólogos usam essa técnica, mas por conta própria. As terapias psicológicas tradicionais do Ocidente também não a usam. O indivíduo, contudo, pode usá-la por conta própria, pois não há riscos de algum problema, a não ser se houver algum radicalismo, em se pensar que isso tudo possa resolver.

Há também o fato de que, quanto a qualquer técnica, o indivíduo deve saber como praticá-la. No caso do relaxamento, há muitas técnicas de aplicação. No caso da autossugestão, é bem melhor estar relaxado para se realizar essa prática. Não fazem parte do trabalho psicológico tradicional, mas na Yoga e outras disciplinas orientais ensinam essas práticas. O psicólogo não tem obrigação de conhecê-las, mas podem essas técnicas ajudar também em sentido psicológico.

A Psicologia não tem relação com a disciplina do poder mental, que é o uso da mente de uma maneira energética para se conseguir objetivos diversos, como facilitar a aquisição de algum bem, ajudar no tratamento de saúde e outros objetivos, pela mentalização, até mesmo objetivos da área psicológica são também visados por essa disciplina. Porém as duas disciplinas são distintas, os objetivos principais são diferentes. A Psicologia não tem relação com mentalizações. A Psicologia Clínica apenas tem como objetivo a mudança de comportamento e melhorar a condição psicológica geral do indivíduo, não com técnicas que envolvem o poder mental propriamente dito, mas com técnicas que podem fazer com que o indivíduo tenha condições de fazer associações do passado com repercussões no presente, para a conscientização do que possa estar em nível inconsciente, também do que não é adequado à pessoa e à sociedade, em termos psicológicos, além de outros meios que não se relacionam com disciplinas orientais.

Realmente pode haver muita confusão do trabalho terapêutico da Psicologia Ocidental, com trabalhos de outras disciplinas e também seus objetivos, mas tudo deve ser esclarecido ao cliente.

O relaxamento, assim como a autossugestão, é de grande importância em casos em que a pessoa não tem muito controle num determinado momento. Em um exame, ou quando o indivíduo está precisando estar tranquilo, mas não sabe o que fazer e fica bastante ansioso, é prejudicial a quem assim procede nessas situações. Nesse caso, a técnica do relaxamento é bastante importante, pois, se o indivíduo ficar inquieto, não terá condição de pensar bem sobre a resolução das questões do exame, considerando que essa inquietude dificulta até mesmo o raciocínio. Mas se estiver relaxado, poderá ter melhores condições de pensar e raciocinar melhor; não que isso possa resolver tudo, mas ajuda. A preparação para um exame é sempre necessária.

Quanto ao poder mental, há muito exagero por parte de alguns que usam as técnicas do poder mental, da autossugestão principalmente, embora elas tenham seu valor. Dizem que se a pessoa mentalizar um bem, uma casa, por exemplo, com técnicas especiais e sugestões mentais para adquiri-la, poderá conseguir aquela casa. Mas não é assim. Embora possa ajudar em diversas situações, há muitas leis a que não se pode sobrepor, como as leis do governo, que regula a questão financeira, pois controla preços de mercadorias e outros valores. As condições pessoais também influem, pois uma casa não tem normalmente um preço que todos podem pagar facilmente. Há pessoas que confiam tanto em mentalizações, que às vezes se perdem em algumas situações, pois deveriam ser realistas. Nada se consegue do que se pretende com facilidade, apenas com mentalizações, mesmo com as técnicas mais aperfeiçoadas que sejam. Tudo tem seu limite, não há uma espécie terapêutica ou qualquer prática que, por si só, seja totalmente suficiente para tudo resolver. Do contrário, era só ficar praticando as mentalizações e tudo o que quisesse apareceria, o que não é real. A mente por si só não é capaz de construir nada. Por mentalizações apenas não vai aparecer uma casa pronta, sem que alguém a construa. É preciso trabalho, conhecimentos específicos e tudo mais que for necessário. É por isso que há leis que regulam preços e tudo mais. Sem menosprezar nenhum tipo de conhecimento e prática, afinal todas têm sua utilidade, deve-se ter cuidado com utopias.

O fanatismo é também um grande problema psicológico, que faz com que o sujeito fique bastante limitado. Trata-se de pessoas que não admitem ideias que não sejam aquelas em que acreditam, por uma filosofia ou uma religião determinada, ou até mesmo ideias fixas próprias. Muitos se prejudicam ao pensarem que o que conseguiram na vida foi por causa da sua crença, ou sua prática religiosa, ou algo parecido. Pensam que vão sempre conseguir, devido à sua crença inflexível, na religião ou na filosofia a que aderiram. Muitas vezes perdem alguns bens, fazendo dívidas, por pensarem que vão sempre obter muito lucro com seu trabalho (que seria com grande ajuda da fé ou por algumas práticas religiosas), o que nem sempre acontece, pois o sucesso não depende apenas de fé e práticas religiosas. Há também alguns que pensam que foram curados por sua fé, mas a cura pode não ser confirmada por exames médicos e o indivíduo pode sofrer bastante depois. Todas as religiões e filosofias têm suas virtudes, porém há muito engano também.

A fé, o pensamento positivo e diversas práticas têm suas virtudes, mas a realização não depende apenas disso, isso não constitui tudo para o indivíduo conseguir o que quer. Há muitas leis que não se podem transgredir, como as leis governamentais, as leis naturais. As religiões também têm algumas ideias, que muito propagam, mas não têm uma verdadeira comprovação, como a de que, se a pessoa fizer o bem ou seguir certos preceitos religiosos, pode alcançar o paraíso depois da morte, ou outras ideias semelhantes. Há diversas religiões e várias ideias com relação à vida futura, depois da vida terrena. Há muitas discordâncias entre religiões; algumas considerações dependem apenas da religião a que o indivíduo adere. Respeito qualquer crença, filosofia ou religião, porém é preciso que haja mais explicações sobre tudo isso, para se evitar o fanatismo.

O fanatismo é também uma questão de ordem pessoal, o indivíduo pode ter essa tendência, porém há religiões e filosofias que levam as pessoas ao fanatismo. Em grande parte, a culpa é dessas religiões ou filosofias. Nesses casos, é necessário que haja maiores explicações sobre o que é o fanatismo, que é bastante prejudicial. Pouco se fala nesse sentido. Mas não deveria ser assim, pois há muita evolução atualmente, com a imprensa, que poderia ser mais participativa em prevenir as pessoas contra o fanatismo, também as escolas poderiam falar mais a respeito. O progresso tecnológico e científico não é acompanhado pelo progresso do conhecimento e até mesmo da razão, em grande parte.

A Psicologia não tem relação com as mentalizações, muitos podem confundir o objetivo da Psicologia, que é apenas uma ciência do comportamento. As mentalizações e a meditação têm objetivos relativos à parte transcendental e até mesmo de ordem psicológica, mas são diferentes os meios de trabalho, no caso da Psicologia, que não se relaciona à parte transcendental.

Tudo tem seu valor, as técnicas de mentalizações, a meditação, entre outros, no entanto, há muita confusão por aí. As modalidades de terapias psicológicas têm técnicas bem mais profundas do que as da mentalização, no sentido do trabalho estritamente psicológico, que podem realmente ajustar o comportamento do indivíduo, no que se refere ao aspecto psicológico.

Há também muitas religiões que afirmam que tudo podem curar com orações e trabalhos diversos realizados por eles. Também algumas filosofias religiosas ou filosofias diversas fazem afirmações semelhantes, às vezes bastante utópicas, pois podem não conseguir todos os seus objetivos. Muitas vezes, a pessoa pensa que está curada de uma enfermidade, mas os exames médicos não confirmam tal cura, o que pode ser apenas uma melhora da doença e que realmente pode acontecer. Embora haja mesmo curas por meios religiosos, não se pode dizer que esses tudo conseguem. Senão todos os problemas seriam resolvidos pelas religiões. Não precisavam existir médicos, terapeutas, para ajudarem na cura das doenças. Também não precisaria haver profissionais especializados em outras áreas de serviços, visto que tudo se resolveria com as religiões.

Pela parte da Psicologia, é preciso às vezes trabalhos mais diversificados, e alguns já têm sido feitos, como os trabalhos corporais e outros. São recursos que aumentam a possibilidade de melhores resultados para o que se propõe a fazer. Embora não tenha condição de misturar muito tipo de trabalho ao seu, pois toda ciência tem seu limite de atuação, faz-se o que pode por sua competência fazer, e com o tempo tende-se a melhorar.

Há também uma dificuldade proveniente da falha do ensino da Psicologia. Muitas pessoas dizem que é o aluno que deve procurar obter mais conhecimentos e a escola apenas é um auxiliar. Mas não é bem assim. Realmente o estudante deve procurar saber mais sobre o que vai trabalhar depois de formado, estudando bastante durante o curso e depois, porém é necessário que haja explicações e maior ênfase sobre algumas técnicas e conhecimentos orientais, no curso de Psicologia. Há diversas outras técnicas que poderiam ser do conhecimento do psicólogo, não de sua área de atuação, mas o fato é que deve haver noções mais generalizadas no curso, para que se tenha condição de, pelo menos, indicar outros profissionais, quando for preciso. Todo curso, inclusive o de Psicologia, tem muitas virtudes, é preciso apenas garantir mais noções aos alunos.

O psicólogo, assim como o médico, tem sua área específica de trabalho. A Medicina inclusive tem várias especialidades, bem mais que a Psicologia. Portanto não há nenhum inconveniente de o psicólogo indicar outros profissionais para cada caso. Também os médicos indicam outros profissionais para cada área da medicina, até mesmo de outras áreas.

A seguir vou dar um exemplo, sobre certas dificuldades do psicólogo, por uma falha do ensino:

Logo depois que me formei, uma pessoa que conheci, que ficou sabendo de minha formação em Psicologia, disse-me que, em muitas ocasiões, saía fora de seu corpo, por exemplo, quando estava deitado e se via, de cima, deitado na cama. Fiquei sem saber o que falar ao colega, mas isso não é da alçada do psicólogo, fica a cargo de outros profissionais. Na época não tinha nenhum conhecimento a respeito. Por isso é preciso que na escola se fale mais sobre esses assuntos, para que se tenham pelo menos noções de fatos como esse. Apenas alguns professores comentam sobre alguns desses assuntos, muito superficialmente. No caso da escola em que estudei, não falaram nada a respeito dessa saída do corpo físico, que não é incomum no nosso meio. Não que o psicólogo tenha que atuar em outras áreas, como alguma área referente a esse caso, que não é de sua competência; mas que pelo menos possa ter bem mais noções a respeito de áreas afins, para que possa indicar outros profissionais de outras áreas, em situações como essa. Na época fiquei sem nem mesmo saber o que falar ao colega e nem quem indicar para esse caso, que seria da área da Yoga, ou outro trabalho espiritualista semelhante. Depois de algum tempo, passei a pesquisar bem mais sobre conhecimentos orientais, mas foi tarde nesse caso. Se soubesse mais sobre o assunto, pelo menos teria condição de indicar um profissional de área afim para esse colega, pois essa questão não é da competência do psicólogo.

Há também outros casos, em que alguns colegas comentaram sobre situações relativas à magia negra, que estavam acontecendo com eles. Tampouco eu sabia a respeito disso na época. De qualquer forma, não teria, como psicólogo, meios de ajudar a essas pessoas, pois isso não compete à Psicologia. Apenas tinha noções a respeito. Pelo menos disse que não é um caso da Psicologia. Mas um deles me perguntou se isso poderia ser resolvido com mentalizações. Fiquei indeciso, sem saber o que falar. Hoje sei que não é caso que pode ser resolvido com mentalização apenas. É sim um trabalho bem ostensivo de alguém capacitado, como algum espiritualista, que tem conhecimentos e condições para resolver o problema. Não compete também à Psiquiatria essa tarefa.

Não só na Psicologia, mas em quase todas as disciplinas, há certa omissão de algumas informações, mas são necessárias algumas noções, para que o profissional saiba, pelo menos, indicar alguém para o caso específico, sem ser necessário pretender trabalhar em outras áreas que não seja a sua.

A Psicologia é muito útil, contudo é preciso que os profissionais tenham conhecimentos mais gerais, por meio do curso principalmente. De qualquer modo, deve-se ter o cuidado para não atuar em outras áreas, se não tem condição real.

É muito importante o trabalho da Psicologia, mas ainda não é muito usado. O psicólogo, por sua vez, não é um vidente ou um conselheiro. Muitos ainda podem confundir o trabalho psicológico, pensando que é como um terapeuta holístico, até de áreas transcendentais. O trabalho da Psicologia Clínica é um pouco restrito, mas pode ser útil e, na sociedade atual, que é por demais complexa, há muito desajuste psicológico que pode ser sanado com a psicoterapia, além de casos diversos em que esta pode atuar. A Psiquiatria também pode ajudar bastante em casos mais graves, principalmente.

Instruções gerais o psicólogo não tem condição de fornecer, a não ser da parte científica de sua área. O que mais ocorre são clientes que querem instruções sobre se devem ou não continuar namorando alguém, ou se o namorado não vai terminar o namoro com a garota, ou algo semelhante. Isso o psicólogo não tem condição de falar. Não faz parte do trabalho psicológico, pois o psicólogo não é um vidente e seu trabalho não é de aconselhar as pessoas. Porém instruções simples podem ser dadas, de caráter psicológico, no momento mais adequado, no processo terapêutico. Mas somente instruções de caráter psicológico, não gerais. Isso é usar a parte consciente para que possa o indivíduo melhor se ajustar em termos psicológicos. São instruções importantes. Instruções gerais, de outras áreas, o psicólogo não tem como fornecer, exceto se possui um conhecimento suficiente dessa outra área.

Assim como há pessoas dependentes do médico, pode também haver a dependência do psicólogo, mas nenhum dos dois profissionais pode tudo fazer para o seu cliente, que deve sempre fazer sua parte, que é até a principal.

Grande parte das pessoas tende a ser muito prepotente e isso é prejudicial, pois o ser humano sempre tem suas falhas. Então, quando nos colocamos em nossa real posição, vamos ter mais condição de aceitar nossas próprias falhas e normalmente as pessoas nos compreendem, se nos desculparmos por nossas falhas. Mas quem age de uma forma prepotente e não reconhece os próprios erros, normalmente não é compreendido pelas pessoas quando erram, pois eles mesmos dificilmente reconhecem suas falhas. São instruções importantes no processo terapêutico que o psicólogo, no momento apropriado, pode fornecer, além de outras instruções; isso é também um trabalho psicológico, que é de conscientização direta, embora não seja o principal.

Não estou afirmando que é preciso maior atenção à parte consciente, de uma forma direta; na verdade, é o equilíbrio entre as duas partes que é o mais eficaz. O estudo do inconsciente e o trabalho que é usado, que também visa à conscientização do indivíduo, com as técnicas que são usadas por diversas áreas terapêuticas da Psicologia, são um trabalho mais longo, mas que alcança o inconsciente e permite a conscientização do que estava em nível inconsciente no indivíduo. Mas essas formas de conscientização mais diretas também são importantes. No processo psicoterapêutico isso é realizado.

A Psicologia, embora relativamente recente, já se desenvolveu bastante, mas ainda não organizou de uma forma bem estruturada o seu tipo de trabalho. Isso é até normal pelo tempo que tem. A tendência é melhorar sempre.

Agir conscientemente. Quando o indivíduo age conscientemente tem mais condição de se libertar, de ser ele próprio, de maior autocontrole. Mas não significa que agir conscientemente é tudo o que promove a pessoa para uma melhor condição, em relação à parte psíquica, apesar de ser importante. Nos momentos em que estamos mais tranquilos, descansando em casa, também é importante que não estejamos com a mente consciente ativa em demasia, pois se ocuparmos a mente com o que pode nos deixar intranquilos, podemos até nos desequilibrar no sentido comportamental, mesmo em horas de folga.

O indivíduo pode ter um nível consciente em bom estado, mas pode cometer alguns enganos nas situações normais da vida. Agir conscientemente significa também saber reconhecer os próprios erros, pois isso é normal. Não se culpar pelos erros, apenas reconhecê-los e se desculpar por seus enganos. Não pretender ser um indivíduo que tudo conhece e pode resolver tudo sozinho.

Muitas pessoas não admitem seus próprios erros. Há pessoas que, mesmo sendo advertidas pelos erros, não querem reconhecê-los perante as outras pessoas. Preferem continuar cometendo seus erros, mesmo intimamente sabendo que não estão agindo de forma adequada. Mas isso é apenas uma maneira de mostrar seu poderio para as outras pessoas. Muitas vezes os erros que essas pessoas não reconhecem podem prejudicá-las. Mesmo assim, preferem continuar agindo dessa forma inadequada, apenas para se justificar, tentando insinuar aos outros que não são inferiores a eles e que suas atitudes são totalmente corretas.

O psicólogo não é um conselheiro ou uma pessoa que quer impor seu conhecimento a outras pessoas. Isso é desagradável, pois grande parte das pessoas não se sente bem com advertências diretas, apontando os erros de uma forma veemente. O psicólogo pode advertir de uma forma bem mais serena, sem censurar o indivíduo. Essa é uma das grandes virtudes do trabalho psicológico.

Quase todo ser humano quer se mostrar perfeito, isso faz parte do desenvolvimento psicológico. A tenra infância, que se relaciona ao ser perfeito, continua na fase adulta, mesmo que de uma forma adaptada. Queremos ser poderosos, por isso tendemos a não reconhecer nossos erros e muitas vezes inventamos desculpas para isso. Embora possa variar de pessoa para pessoa, tendemos a querer ser onipotentes. Em uma reunião, por exemplo, quando é dito a uma pessoa sobre suas falhas, ela pode apontar a falha dos outros, para tirar sua culpa e continuar agindo de uma forma inadequada, mesmo sabendo que não está agindo bem, como se dissesse: "eu não sou este imbecil que você está pensando que sou, que age de uma maneira e depois volta atrás". Isso é comum até na conversa de duas pessoas, em que uma é advertida de seus erros e não quer reconhecê-los, mesmo sabendo que está equivocada. Porém, em conversas normais, não há as técnicas psicológicas do modo de tratar as pessoas; por razões como essas, pode haver alguns atritos entre as pessoas e também pode fazer com que o indivíduo seja muito inflexível, em atitudes e opiniões, ao contrário do que acontece em um processo psicoterapêutico, em que há maior compreensão do indivíduo pelo psicoterapeuta.

Devemos saber reconhecer nossas falhas e pedir desculpas pelos nossos enganos. Isso é válido, é também agir conscientemente. Sabendo que somos seres humanos falhos, não devemos querer ser onipotentes. Embora muitas vezes outras pessoas queiram se fazer valer de suas vontades e tentar nos ludibriar, apontando nossos erros, que apenas julgam assim, mas nesse caso não devemos admitir, pois às vezes podemos ter firmes razões, de ideias ou mesmo de ações, enquanto o outro nem mostra suas razões definidas. Devemos ser humildes para reconhecermos nossos erros, porém não podemos ser enganados pelos outros. Devemos permanecer sérios e mostrar que não estamos satisfeitos com o outro, quando este tenta nos enganar. Afinal, se calarmos um pouco e mostrarmos nossa indignação, em certas situações, isso fará com que o outro pense no que está fazendo e se sinta intimidado em querer nos enganar. Devemos sim reconhecer nossas falhas, porém as outras pessoas devem também entender quando erramos de fato, embora devamos também tentar corrigir sempre nossos erros.

Há diversos tipos de pessoas; mesmo nos desculpando por nossos erros, podem dizer algo como: "você está sempre errando, não presta atenção". Mas se nos esforçarmos para não cometermos muitos erros seguidamente, ninguém poderá nos repreender por isso. O esforço consciente nem sempre é suficiente, é preciso que a pessoa tome algumas atitudes, como algumas técnicas de exercícios com respiração, por exemplo, com supervisão de alguém capacitado, para que possa melhorar seu rendimento, além de outras providências que pode tomar para cada caso, no sentido de melhorar seu rendimento, embora possa haver algumas falhas sempre. Mesmo falhando, não há razões para outras pessoas nos advertirem de forma ríspida.

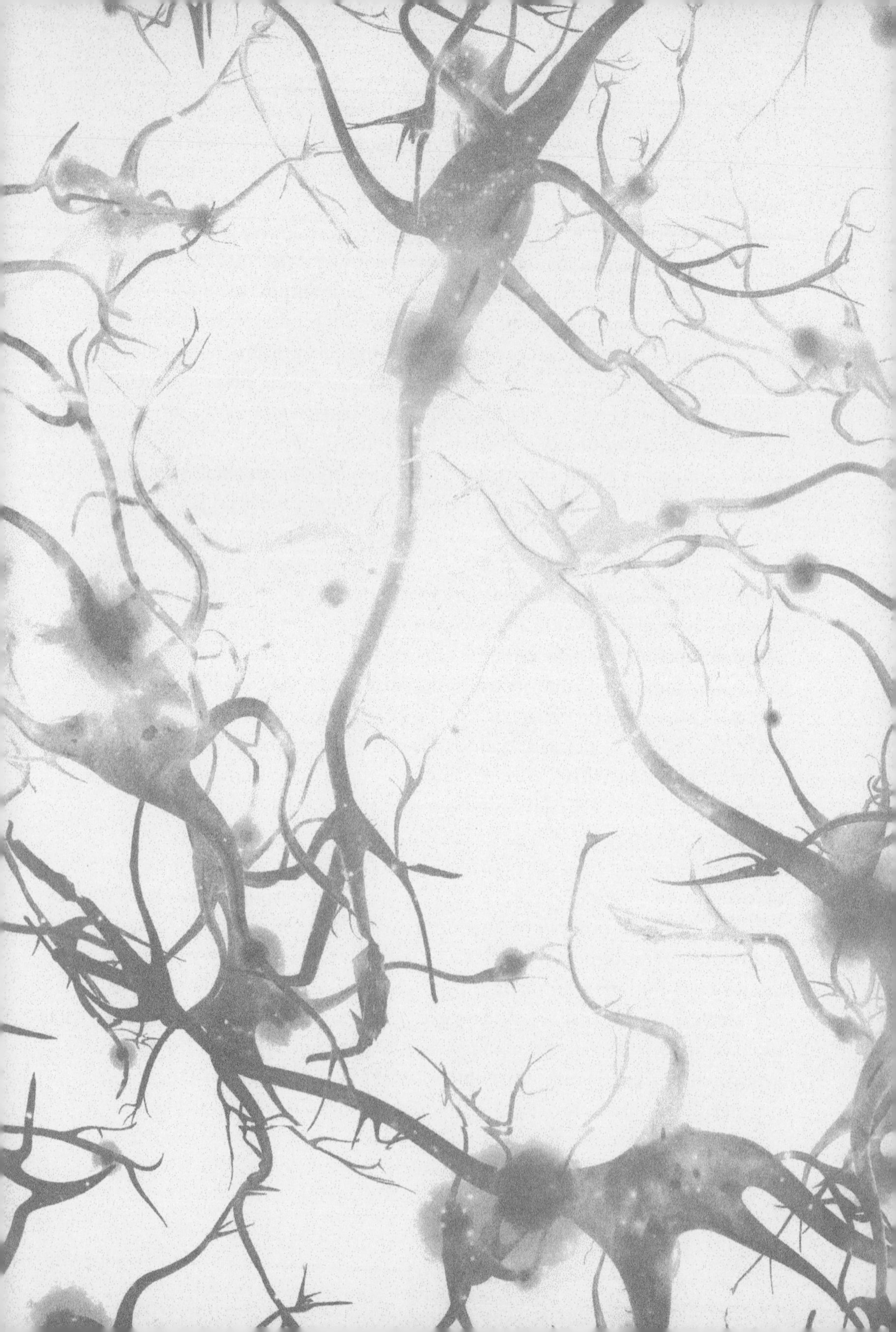

CAPÍTULO 3

As classificações e suas relações

O trabalho psicológico e também da Psiquiatria não são simples, é difícil mesmo até uma classificação.

Tal trabalho pode ser comparado à delimitação de bairros, que não é algo preciso, mas apenas uma forma aproximada de se localizar uma região de uma cidade. Não há como separar bairros nas cidades, pois há prédios bem grandes, que poderiam pertencer a dois ou até três bairros, como os grandes conjuntos habitacionais. Bairros são apenas uma noção de localidade, que é válida, mas não têm uma existência real. Mesmo se houvesse uma forma de delimitar cada bairro de todas as cidades, não há diferenças entre bairros, pois o que existe são casas, comércios e tudo o mais que normalmente tem. Em alguns casos a delimitação pode ser um diferenciador, como na valorização de imóveis, entre outros, mas no geral não há como se qualificar um bairro exatamente por sua delimitação, que é determinada apenas nos mapas das cidades. Isso é semelhante em relação ao ser humano, o qual é ainda mais complexo do que uma classificação possa abranger. Em alguns sentidos pode haver relação real de quadros psicopatológicos com características pessoais de fato, mas não de uma forma totalmente abrangente.

Tendemos a confundir o que é abstrato com o concreto. Bairro é apenas uma forma mais abstrata de se reconhecer um local, não tem uma existência real. A divisão de estados de um país, ou mesmo de um país, em relação a outros, também não é totalmente real. É apenas uma divisão política, que não é uma forma geral, que não tem uma influência geral nos indivíduos, apenas parcial, o que também se confunde muito.

Embora possa haver algumas influências em sentido muito restrito, mas no geral são divisões apenas nos mapas. Por tudo isso não se pode classificar as pessoas com relação a espaços geográficos, de uma forma mais real e generalizada. Mas assim como é necessário existirem bairros de cidades e outras divisões, para se ter uma noção de localização e administração, também as classificações relativas ao comportamento são necessárias, para se conhecer melhor o indivíduo e ter mais condição de ajudá-lo, embora as classificações não sejam exatas.

No caso referente ao comportamento, há muitas pessoas que têm medo de serem classificadas como esquizofrênicas, por exemplo. Porém praticamente todas as pessoas têm algum distúrbio que pode se relacionar à esquizofrenia. A mania de perseguição é um exemplo disso, que é comum a todas as pessoas, mesmo em graus variados, além de vários outros sintomas, que podem se relacionar a quadros patológicos, como a mania de grandeza, o perfeccionismo com excesso de zelo, que se relacionam com a infância, todas essas são características de algum tipo de esquizofrenia e são comuns a muitos indivíduos normais. Vários outros sintomas psicológicos tendemos a ter e podem estar relacionados à esquizofrenia, ou com outros tipos de psicopatologia. Diversos distúrbios neuróticos são comuns a todas as pessoas, embora haja variação de pessoa a pessoa. Mas existe mesmo uma relação de normalidade, que em alguns casos é bem notória.

Não existe um psicótico ou mesmo um neurótico que se enquadre em uma psicopatologia específica totalmente, como um esquizofrênico catatônico, por exemplo, que se enquadre totalmente na classificação desse distúrbio. Se existir, é raridade. A diferença maior é que alguns não se controlam e outros têm bem mais controle sobre si mesmos, porém há também outras diferenças, que caracterizam um quadro patológico. De qualquer modo, o autocontrole é um aspecto de grande relevância para se reconhecer melhor um quadro psicopatológico. Nesse aspecto é que há grande diferença, embora haja também diferenças de comportamento de psicóticos que podem ser bem notórias. Pode haver também outras diferenças bem características de alguns, mesmo os que tenham certo controle sobre si, mas que, dependendo da situação, não se controlam muito em determinado momento. São diversas variáveis que podem existir em relação ao ser humano.

Não há como classificar muito bem um indivíduo como portador de uma enfermidade psíquica. São vários os graus, e em muitos casos é bem difícil a classificação. Para o psicólogo e o psiquiatra deve haver classificação, pois eles podem trabalhar de acordo com o quadro psicopatológico do indivíduo, pois alguns sintomas são comuns a muitos indivíduos com o mesmo distúrbio psíquico. Há alguns que não têm um nível de consciência que possa permitir-lhe um controle sobre si próprio. Então deve submeter-se a tratamentos. Há sempre melhoras, pelo tratamento adequado ao caso.

Muitos podem pensar que a Psicologia e Psiquiatria são uma forma de enganar as pessoas, devido a fatos como a dificuldade de classificação. Mas não é isso. Até mesmo na Medicina não há um consenso exato sobre alguns exames médicos. Quanto ao índice glicêmico, por exemplo, houve mudança na consideração de qual é o valor normal e o que não é, mesmo que sejam pequenas diferenças. Isso ocorre devido ao fato de ser realmente difícil uma classificação exata, também pode depender até mesmo do indivíduo examinado, pois pode mesmo variar de uma forma individual. Mas é o que a ciência pode fazer e tem boas noções sobre o indivíduo, podendo-lhe ajudar bastante.

Embora realmente haja algumas variações em relação às classificações, há certos tipos de esquizofrenia, em que o indivíduo diz que seus pensamentos estão sendo transmitidos para todas as pessoas, por meio da imprensa. Também que as ondas das telecomunicações estão ligadas nele e estão lhe controlando. Esses são alguns exemplos de pessoas que não têm um nível consciente normal. São bem característicos esses indivíduos, como enfermos psíquicos. Devem, pois, ser tratados, com recursos médicos principalmente, o que fica a cargo do psiquiatra, mas não dispensa outros profissionais de áreas afins, pois há diversas atividades terapêuticas que podem ajudar o psiquiatra.

Há outro caso bastante característico de alguns chamados psicopatas ou sociopatas. São indivíduos que não têm afeição pelo ser humano, não têm o sentido da solidariedade. Só pensam em benefício próprio, sendo bastante intransigentes. Já conheci pessoas com todas essas características, que são bem marcantes realmente. Mas uma delas, que é realmente muito intransigente, sem o sentido e ação da solidariedade, disse-me que ajudou um indivíduo a conseguir emprego, em uma ocasião. Apesar de tudo, não duvido disso também, pois há realmente variações, o ser humano é imprevisível em qualquer situação. Porém são pessoas com características bem peculiares a este tipo de psicopatologia, apesar das possíveis variações. Os indivíduos que têm esse distúrbio psíquico (Psicopatia) são normais em sentido intelectual. Percebem muito bem as situações. Este é, segundo alguns, um caso que não tem solução, pelo menos com os recursos atuais das ciências do comportamento. Mas também a Medicina nem tudo consegue curar, nos casos de ordem médica. Porém é a ciência, em geral, que mais pode contribuir com o desenvolvimento humano, em todos os sentidos, inclusive em casos de curas de enfermidades, de qualquer natureza.

Esse caso da Psicopatia não é um caso que se refere ao desenvolvimento psicológico essencialmente, está mais ligado a aspectos estruturais, físicos e psíquicos, do indivíduo, além de influências sociais.

Cada pessoa é única, no modo de ser e até mesmo na aparência física. Não existem duas pessoas iguais, em sentido psicológico, nem mesmo físico. As classificações, embora sejam necessárias, são apenas aproximadas em geral, mas há realmente quadros psicopatológicos bem característicos. Além de cada pessoa ser única, as reações dependem até do momento que a pessoa esteja vivendo; por essas razões, é muito difícil o ser humano ser classificado como portador de uma psicopatologia. Em alguns momentos podem vir as crises, em outros momentos a pessoa pode se controlar bem, dependendo do indivíduo.

Há também muito preconceito com quem é taxado com um tipo de psicopatologia. Muitos pensam que o indivíduo que é classificado como esquizofrênico é anormal intelectualmente, o que não é real, embora possa haver também alguns que tenham alguma deficiência intelectual, mas esse distúrbio não significa que o indivíduo seja deficiente intelectualmente. O mesmo pode ocorrer com relação à Psicopatia, por exemplo, que não se relaciona basicamente com deficiência intelectual. Outros podem até pensar que o esquizofrênico é um indivíduo agressivo, mas também não significa que seja agressivo por apresentar esse desajuste, o que não implica descartar o fato de alguns serem agressivos, pois não há como se classificar uma enfermidade de um modo geral. Portanto, há muito preconceito com relação a quem possui um quadro psicopatológico. Também o ser humano deve ser sempre reconhecido como uma pessoa comum. Por essas razões, não deve haver um rótulo ao ser humano. Apenas o profissional deve conhecer a classificação, que pode ser apenas do conhecimento do profissional, normalmente.

Os indivíduos que têm deficiência intelectual são classificados como oligofrênicos, que é uma denominação comum a quem possui déficit intelectual. Alguns exemplos de oligofrenia são os classificados como imbecis, idiotas, termos que soam como bastante pejorativos; e não há necessidade também de rótulos, isso fica apenas para o profissional da área. Mas é notória para qualquer pessoa a deficiência intelectual, na oligofrenia. Porém, nesses casos é praticamente impossível a cura. Muitos confundem os quadros psicóticos com deficiência intelectual, mas não é bem assim. O esquizofrênico, ou o Psicopata, por exemplo, não são deficientes mentais, no que se refere a essas classificações. O mesmo pode acontecer com outros quadros psicopatológicos, como Neurastenia, Distúrbio Bipolar e outros, que não significam também que são deficientes intelectuais. Nesse caso, as diferenças são muitas. O oligofrênico (termo geral para vários tipos de deficiência intelectual) não tem condição de fazer um trabalho intelectual, a não ser em casos especiais, de trabalhos bem orientados, dependendo do grau da patologia do indivíduo. Portanto é o oligofrênico que tem deficiência intelectual, não os outros tipos conhecidos como neuróticos ou psicóticos, normalmente. Grande parte dos indivíduos psicóticos podem trabalhar normalmente e ter uma vida social normal, pelo menos até enquanto conseguem se controlar bem.

Há diferenças reais entre quadros neuróticos, psicóticos e oligofrênicos. Mas é bem notória a diferença entre oligofrenia e as outras duas psicopatologias (neurose e psicose), pois a oligofrenia refere-se à deficiência mental. Porém, até nesse aspecto, é um pouco variável, pois isso é medido pelo teste de Quociente de Inteligência, ou QI, o que pode apresentar algumas falhas, já que um teste não é totalmente eficiente para se reconhecer certa anomalia, ou seus graus de anomalia. De qualquer forma, há realmente algumas lógicas de classificação, nesse caso. Nos casos de neurose e psicose, pode não haver deficiência mental. Há inclusive alguns desses que têm até ótima percepção do que se passa em seu meio, têm bom raciocínio, porém o que caracteriza a neurose e a psicose refere-se a aspectos relativos à afeição, às emoções, que podem ser anormais, com consequências maiores. Alguns com algum desvio de percepção, mas nem mesmo isso os caracteriza como deficientes mentais propriamente ditos. Ademais, há outras características diversas, na neurose e psicose, que não se relacionam às deficiências intelectuais.

Existem muitas dificuldades em vários sentidos, até mesmo o conceito de inteligência não é exato, pois existem vários tipos de inteligência, várias condições, o que pode dificultar a definição desse conceito, a respeito do qual não há consenso. O exemplo disso é que muitos indivíduos que sobressaem demais em uma área, em outras, podem ser bem falhos. Também há o fato de que, se a pessoa estuda mais, pode se desenvolver mais e ter mais condição de fazer certos trabalhos, até mesmo de fazer discursos, etc. Há indivíduos com bons potenciais, mas em sua localidade não há quase nenhuma escola, ou eles não têm condição financeira para estudar e podem não se desenvolver bem. Por essas e outras razões, qualquer classificação é difícil e em certas circunstâncias imprecisa, porém não há como deixar de existir as classificações e até mesmo algumas denominações gerais.

Muitas pessoas discutem sobre se alguém é ou não inteligente. Mas há vários tipos de inteligência. Atualmente inclusive não se referem à inteligência apenas a aspectos intelectuais, também a aspectos emocionais. Pois o indivíduo pode ter um bom nível intelectual, mas não saber lidar com as situações, pode ser muito impaciente, ou não ter empatia com outras pessoas, isso significa uma fraca inteligência emocional. Há também outras características diversas que podem denotar esse tipo de inteligência. Portanto não há como se classificar nada, de uma maneira precisa, sempre.

Há, porém, alguns distúrbios físicos que podem gerar determinados tipos de comportamento, assim mesmo nem sempre podem ser como o que se classifica, isso depende de várias circunstâncias, pessoais, da situação do momento e outras.

Por todo o exposto nestes últimos parágrafos, não devemos temer sermos classificados com um determinado tipo de neurose ou psicose, pois não há uma classificação exata, que se enquadre totalmente em uma pessoa. Há pessoas que têm muito esse temor, que pode ser proveniente de não querer se aceitar como um ser humano falho, pela nossa tendência a pretendermos ser onipotentes, mas não há razão para isso. Devemos sim tentar nos controlar o máximo que pudermos, porém há realmente aqueles que não se controlam e precisam de tratamentos de acordo com sua condição.

Grande parte das pessoas têm receio de serem classificadas como esquizofrênicas ou como portador de qualquer tipo de psicopatologia. Conheci algumas pessoas que agem normalmente, trabalham normalmente, porém têm esse receio e se preocupam em demasia com isso. Mas não há razões para se pensar ou se sentir assim, pois todos os seres humanos têm alguns modos de se comportar que podem ser típicos de alguma psicopatologia. Deve-se também saber que até alguns tipos de psicopatologias foram renomeadas, devido às dificuldades de classificação. A esquizofrenia, por exemplo, anteriormente era chamada de Demência Precoce. Outras classificações também mudaram o nome com o tempo. Não é apenas uma simples mudança de denominação, são realmente algumas necessidades de reclassificar, para que haja uma melhor adaptação dos nomes com relação aos indivíduos, mas, de qualquer forma, nunca serão perfeitas.

A simples conscientização, por parte de alguns indivíduos que se preocupam em serem taxados de esquizofrênicos ou de qualquer outra patologia, de que não há uma exata classificação de nenhuma psicopatologia, que não precisa se preocupar com isso, já pode ser um grande alívio para essas pessoas. Não que isso apenas possa tudo resolver, pois pode mesmo o indivíduo ter alguns tipos de comportamento que lhe incomodem e que incomodem outras pessoas, além de dificuldades pessoais. Mas não se devem esquecer que qualquer indivíduo pode ter algum distúrbio relativo ao desenvolvimento psicológico, com sintomas psicológicos diversos, que, em alguns casos, podem ter relação com alguma psicopatologia, mas é um fato corriqueiro em nosso meio social. Também não se pode menosprezar uma classificação, pois ela não está fora de contexto em muitos casos, apesar de não ser exata. O problema maior é que as pessoas muito se alarmam sobre casos de psicopatologia, mas não têm razões para isso.

Um processo psicoterapêutico é útil para o indivíduo se libertar de traumas infantis, complexos psicológicos e outros desajustes psicológicos. Também um conhecimento geral ajuda no processo de agir mais conscientemente. Embora não seja tudo tão simples. Mesmo agindo conscientemente, às vezes podemos ter impulsos em situações corriqueiras da vida, que podem ser bastante inadequados, mas, se a pessoa perceber que não agiu bem numa situação, deve reconhecer que errou e tentar não repetir o erro.

A vida em nosso meio social urbano tende a ser cada vez mais agitada, gerando tensões que muitas vezes dificultam o autocontrole total. Também não devemos nos culpar pelos nossos erros. Intimamente devemos nos perdoar, saber que nem sempre agimos de uma forma apropriada, e que isso pode acontecer com todos. Esse gesto é bastante válido, pois muitas pessoas tendem a não se perdoar pelos próprios erros. Entretanto, sabendo que é um indivíduo falho, como todas as outras pessoas, pode-se estar em paz consigo mesmo, o que também é muito importante. Embora apenas esses tipos de conscientização não resolvam os distúrbios psicológicos, ajudam no processo de conscientização.

Nem sempre o fato de estarmos totalmente conscientes é muito apropriado a nós; em nossos momentos de descanso é preferível que estejamos bem à vontade. O descanso também nos proporciona mais paz e harmonia interna, por isso precisamos de momentos de descanso e paz. Pois, se ocuparmos a parte consciente, teremos vários tipos de preocupações e tensões. Quando estamos cansados, o melhor meio é descansar, sem preocupações e tensões.

Nos momentos de descanso podemos assistir a filmes ou jogos, sem deixar a emoção tomar conta, pois a emoção negativa é muito prejudicial. Mas se formos pensar que um filme é uma representação apenas, que é uma situação inventada (a parte consciente agindo), não ficaremos tranquilos em nosso momento de lazer e nem vamos assistir ao filme, ou ao jogo. Por essas e outras razões, devemos equilibrar a parte consciente e inconsciente, também nos momentos apropriados. Na hora do descanso, é muito necessário que estejamos tranquilos, conscientização esta que podemos ter por nós próprios, exceto quando houver algum problema repentino, que necessite de uma solução imediata.

A diversão é também um meio para descansarmos a mente. Muitas vezes, se ficarmos pensando muito em problemas nossos e de pessoas de nosso convívio, podemos ficar tensos mentalmente. Mas, se formos pensar em um tipo de diversão de que gostamos, de um bom programa de televisão a que assistimos, ou um bom espetáculo artístico, não ficaremos tensos mentalmente, o que é importante, pois a tensão mental é prejudicial. Se o indivíduo não se controla e fica tenso fisicamente, pode ter reações prejudiciais para si próprio e para os outros. Por isso, nos momentos de diversão, devemos tentar ficar mais tranquilos e relaxados. Mesmo no trabalho, não devemos ser precipitados e querer tudo da forma totalmente idealizada, se houver falhas, podem ser corrigidas. Alguns trabalhos exigem que sejamos mais rápidos, e devemos tentar ser assim, mas sem prejudicar o rendimento, querendo ser apressado, pois a pressa pode prejudicar, e tentando equilibrar a situação para não haver muitos erros.

A tensão mental pode ajudar a desencadear crises psíquicas, dependendo do indivíduo, por isso, e de qualquer maneira, é muito importante o descanso, de uma forma realmente relaxante, quando for o momento. E não é só a tensão mental que pode gerar crises, há diversas outras causas. Assim, não devemos nos preocupar demais com as situações, pois isso pode até gerar tensão física e mental, o que de qualquer forma não é uma boa atitude.

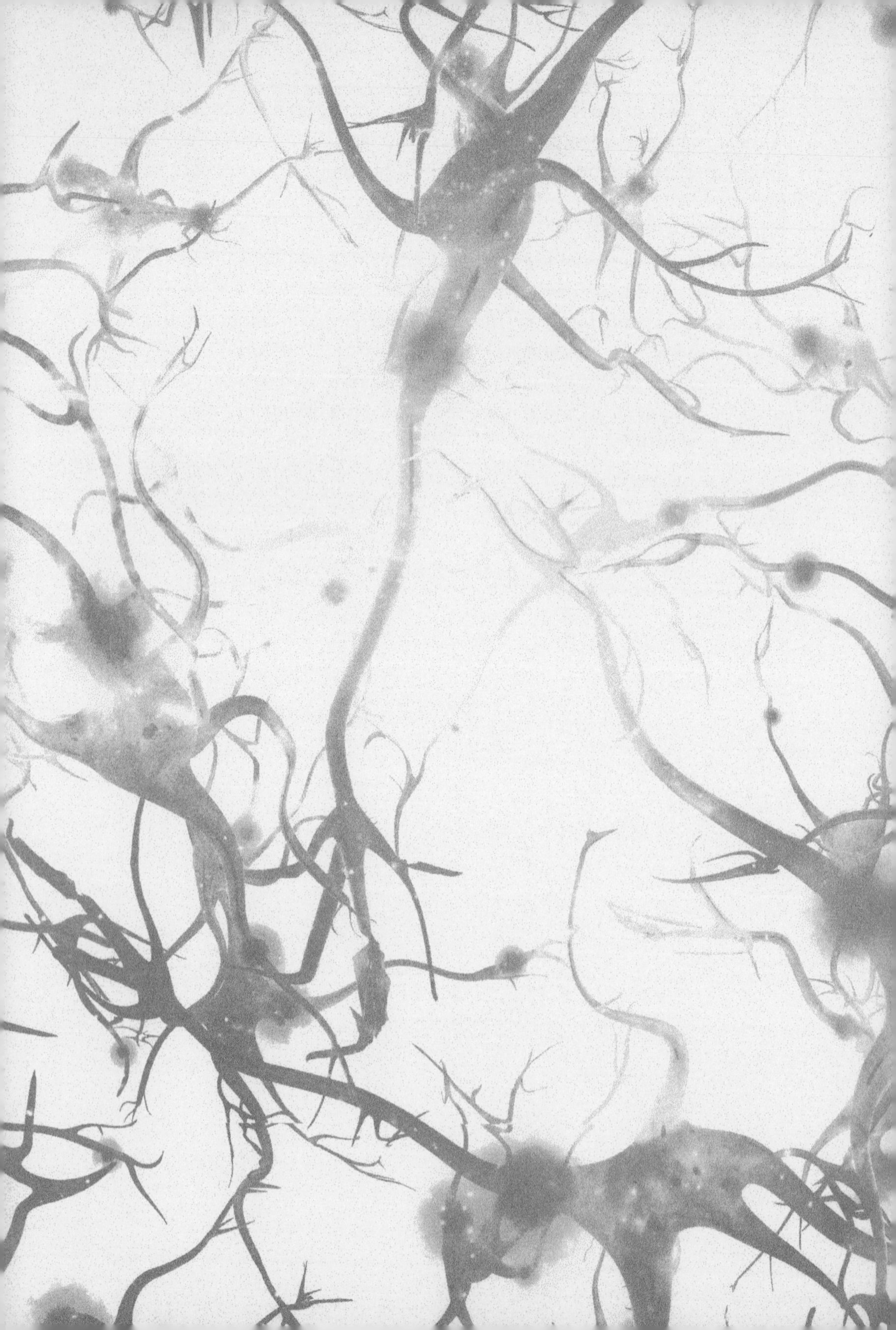

CAPÍTULO 4

A prática em psicologia

Para que o indivíduo possa melhor se ajustar em termos psicológicos, é preciso que haja algumas práticas. O trabalho de conscientização pela psicoterapia tradicional é o mais importante. Em alguns casos é preciso também um pouco mais de prática. Exercícios ao ar livre e até mesmo alguns trabalhos práticos podem ser indicados para alguns clientes. Mas esses trabalhos práticos podem ser apenas auxiliares no tratamento psicológico. Pessoas muito nervosas, que não se controlam bem, podem fazer alguns tipos de exercício, como o de Yoga. Mas isso não faz parte do trabalho psicológico, é preciso, pois, haver ajuda de outros profissionais. A Yoga não é apenas prática de exercícios, é uma filosofia. Há diversos tipos e trabalhos da Yoga, que incluem também meditação, recitação de mantras, mentalizações, etc. Mas seus exercícios são eficientes, e quem quiser praticá-los receberá seus benefícios. No Ocidente, a Yoga resume-se quase tão somente a exercícios físicos aliados à respiração.

A prática do *relaxamento* é relativamente fácil; embora haja muitas técnicas dessa prática, o principal é o indivíduo relaxar todo seu corpo, de cima até em baixo. Sentado em uma poltrona confortavelmente, deve ir relaxando conscientemente cada parte do corpo, da cabeça aos dedos do pé. Isso é apenas uma noção sobre essa técnica, que é uma prática importante, mas deve ser feita no momento oportuno, se o indivíduo não se controla em situações de maior tensão. Isso já é usado por alguns psicólogos, mas não faz parte da tradicional prática psicológica.

Não se deve também pensar que só as técnicas psicológicas são suficientes para tudo. Há muitas outras técnicas. Se o psicólogo não tiver condição de aplicá-las, poderia pedir ajuda a outros profissionais, pois não é obrigado a conhecer tudo de outras disciplinas.

As teorias psicológicas que foram desenvolvidas até o momento são muito importantes, mas não se resolve tudo apenas baseando-se nelas, pois há teorias de outras áreas que também se referem às situações psicológicas, como a Sociologia e outras. As técnicas tradicionais das escolas psicológicas são importantes, e as teorias dessas explicam em parte o comportamento humano, apenas há a necessidade de conhecimentos mais gerais.

Nosso comportamento em parte, é consciente, mas agimos também por impulsos e atos inconscientes. São as atitudes que tomamos com algum grau de inconsciência que podem não ser adequadas às situações e aos padrões de comportamento aceitos socialmente. Vivemos em uma sociedade normatizada e não podemos desviar muito de seu comando. Há muitas normas e costumes sociais bastante inadequados, mas, assim mesmo, temos de agir de acordo com essas regras. A ciência poderia também ter mais participação social, para que possa mudar o que não é adequado socialmente. Enquanto isso não acontece, o indivíduo deve agir dentro do padrão social existente.

Na psicoterapia tradicional havia pequena participação do psicólogo, o que tem se modificado com o tempo. O indivíduo falava e o psicólogo pouco intervia, especificamente, na psicanálise. Mas isso está realmente mudando, pois a Psicologia tende a evoluir. A maior parte, porém, é o cliente que deve fazer, não o psicólogo. É necessária a maior participação do psicoterapeuta também, por exemplo, instruindo o cliente, no momento apropriado. Embora esse não seja o principal foco da Psicologia, é importante também a intervenção do profissional. A sugestão mental, de uma forma simples, não como em disciplinas orientais, que tem objetivos distintos da Psicologia, é também uma forma de autocontrole, que é apenas uma técnica auxiliar; também o relaxamento muito ajuda. Não são técnicas do trabalho psicológico e não são usadas por alguns psicólogos, mas ajudam em alguns casos. A chamada sugestão mental consiste em dar ordens mentais para si próprio, para que a pessoa se controle melhor, no momento oportuno, por exemplo. Isso pode realmente ter efeitos positivos. Há algumas pessoas influentes no meio psicológico contra essas práticas, pois não fazem parte da tradição psicológica, mas não há contraindicações, a não ser se for usada para outros objetivos, que não os psicológicos, no caso da terapia psicológica. De qualquer forma, o psicólogo não tem obrigação de conhecer essas outras práticas. O próprio interessado, se achar necessário, pode por si próprio procurar informações a respeito.

A técnica da meditação, embora não faça parte das técnicas psicológicas tradicionais, também é bastante interessante, ensinada em escolas de conhecimentos orientais, existentes em algumas cidades brasileiras e em diversos países. Até mesmo a consulta a um Nutricionista pode ser favorável com relação às condições psicológicas, além de outros trabalhos. O psicólogo não pode tudo realizar.

Tudo o que o indivíduo se propõe a fazer deve ter conhecimentos a respeito. Por isso, o psicólogo pode indicar o indivíduo para outras terapias, em que este pode aprender algumas técnicas para seu próprio benefício, se forem técnicas simples, fáceis para o indivíduo praticá-las por si próprio e que podem dar bons resultados. Para a cura de enfermidades físicas e psíquicas, é o próprio indivíduo que deve atuar mais. Precisa sim de ajuda de profissionais da Psicologia e Psiquiatria, porém deve fazer sua parte, que é a principal. Exceto em casos em que o indivíduo não tem condição de agir, devido às condições precárias físicas, até mesmo psíquicas. Em qualquer situação da vida, se não tomarmos atitudes por nós próprios e ficarmos esperando outras pessoas, normalmente não conseguiremos o que queremos. Exceto em casos específicos, em que outras pessoas podem nos ajudar bastante, muitas vezes sem precisarmos agir ou tendo que agir pouco, o que normalmente acontece quando não é preciso muita ação, na maioria das vezes, precisamos agir com muito afinco.

Atualmente alguns psicólogos, porém, estão ultrapassando um pouco a área de atuação psicológica, com trabalhos de outras disciplinas, com cursos de pequena duração e sem terem muita prática, mas isso não é ético. Exceto se o psicoterapeuta tiver realmente condição de atuar na outra área, por meio de cursos mais longos e práticas suficientes. Para que não aconteça de o psicólogo querer extrapolar sua área de atuação, é necessário que tenha ajuda de outros profissionais de outras áreas, em certos casos.

Técnicas psicológicas

O que a Psicologia pode fazer em sua área é importante, pois o trabalho é realmente especializado, com técnicas eficazes. Eis alguns exemplos.

Há certas técnicas de algumas linhas de estudo psicológico que são eficientes. A técnica da Gestalt é importante, pois faz com que o indivíduo se veja em duas situações, de cliente e de terapeuta. Essa é uma boa prática, pois é um trabalho que envolve mais situações referentes à vida do indivíduo, que pode lhe trazer alguns benefícios. Isso também implica mais ação do indivíduo, que proporciona melhores resultados.

A técnica da Terapia Centrada no Indivíduo também é interessante, pois dá força à pessoa, pela compreensão que recebe do terapeuta, que pode se beneficiar, pois se sentirá mais compreendido e mais espontâneo. As técnicas dessa modalidade terapêutica psicológica visam bastante ao indivíduo, de uma forma mais direta, o que pode inclusive melhorar sua autoestima, permitindo também um maior autoconhecimento.

A técnica da Psicanálise é quase tão somente o terapeuta escutar o indivíduo. Havia pouca intervenção do psicólogo anteriormente, mas atualmente alguns psicólogos estão intervindo mais no processo, o que é também uma técnica bastante importante. As teorias da Psicanálise são as mais profundas que existem em termos comportamentais e podem proporcionar grande auxílio no processo de conscientização da pessoa a respeito de fatos inconscientes que podem gerar alguns desajustes comportamentais, além de muito ajudarem no autoconhecimento.

Há também outras técnicas importantes e são várias as linhas de trabalho atualmente. Todas permitem o autoconhecimento, que é importante para o indivíduo se desenvolver em termos psicológicos.

Na prática da Psicologia atual, há também alguns trabalhos que permitem o indivíduo se movimentar mais, como trabalhos corporais, pois é preciso atividades mais práticas, porém isso não dispensa a psicoterapia tradicional. As terapias em grupo também permitem que o indivíduo se movimente mais, além de dar condições ao desenvolvimento psicológico no sentido positivo, pois pode proporcionar a autoconscientização também nas terapias em grupo, dependendo do indivíduo. Em alguns casos, é preferível a terapia individual.

Há até mesmo na ciência certa disputa. Muitos adotam a Psicanálise apenas, outros adotam tão somente a Gestalt, além de alguma outra adotada por um profissional. Mas não há necessidade dessa disputa. Tudo pode ser útil e nem é necessário que se use apenas um trabalho específico para tudo. Alguns, porém, usam a técnica melhor para o caso específico, sem fazer distinção de qualquer linha psicológica, o que é realmente melhor.

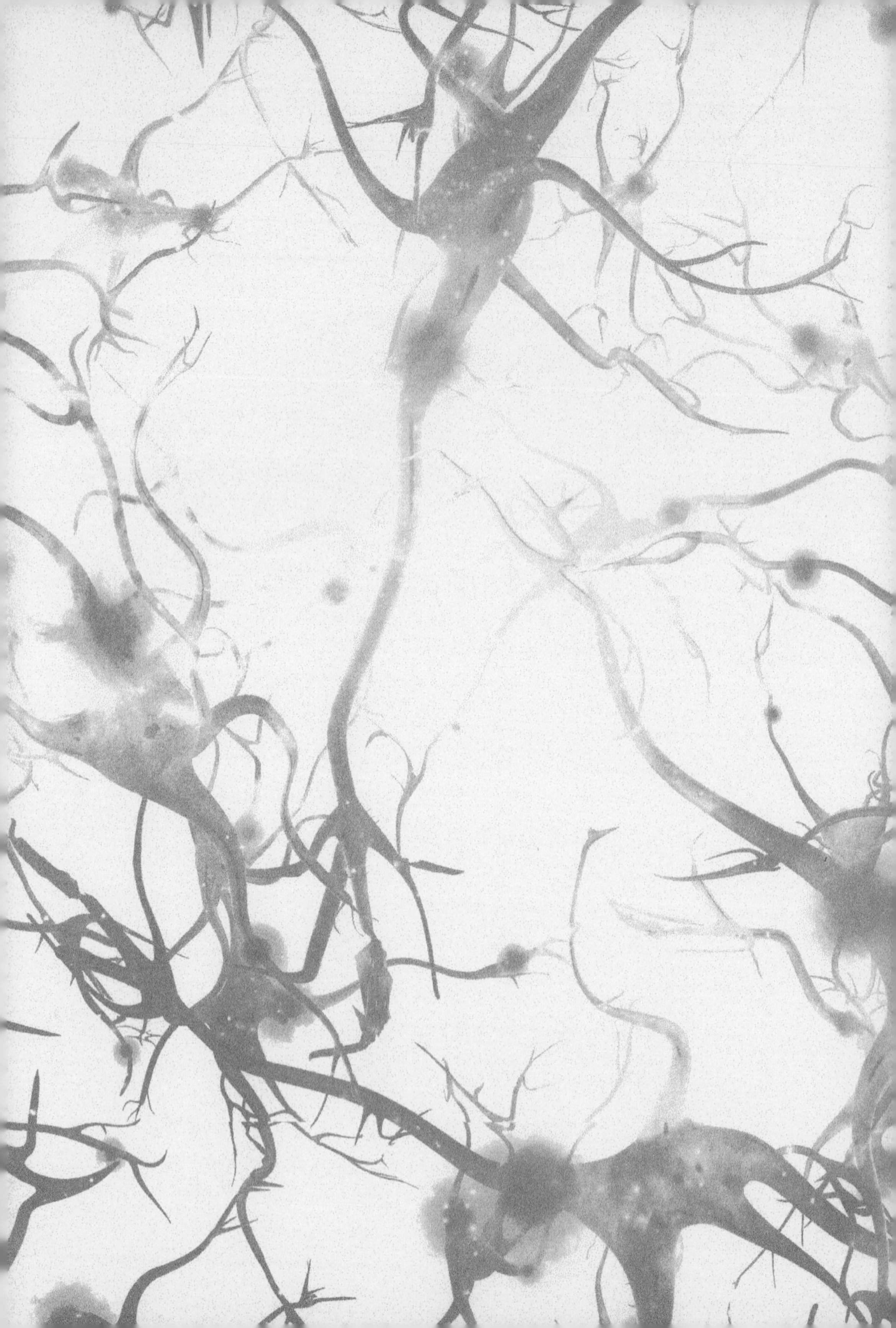

CAPÍTULO 5

Casos mais graves

Os casos mais graves de caráter psíquico são os casos de psicose. Esses casos ficam a cargo do médico *psiquiatra*. A diferença básica entre Psicologia e a Psiquiatria é que na Psicologia o trabalho envolve a psicoterapia principalmente, sem usar recursos médicos. A Psiquiatria, sendo uma especialidade médica, usa recursos médicos, como medicamentos e outros específicos para alguns casos. A oligofrenia é um caso também mais grave, em que não há cura, apenas algumas melhoras. A psicose e a neurose podem ser bem mais controladas com trabalhos da Psiquiatria e também da Psicologia, além de outros trabalhos auxiliares, se for preciso.

Não existe um quadro psicopatológico que se relaciona totalmente a um indivíduo, mas a classificação é necessária, volto a enfatizar. Até mesmo houve algumas modificações com relação à classificação, como a Psicose Maníaco-Depressiva, que passou a ser classificada como Distúrbio Bipolar. A própria esquizofrenia anteriormente era chamada de Demência Precoce. Foram adaptações feitas, mas assim mesmo não abrangem o ser humano, de uma forma exata. São as dificuldades de classificação, a qual nunca será perfeita, apenas aproximada.

A esquizofrenia atualmente tem também suas classificações, como hebefrenia, catatonia, paranoia, que são tipos de enfermidades relacionadas à esquizofrenia.

A seguir descrevo alguns exemplos de algumas características de certos tipos de psicopatologia, para melhor compreensão da relação de normalidade:

A Hebefrenia caracteriza-se por pensamentos confusos, ideias delirantes, desânimo em muitas situações, além de outras características.

A catatonia caracteriza-se principalmente pelo estupor (paralisia repentina do indivíduo por razões fisiológicas), mutismo, gestos imitativos e outras características.

A paranoia tem por característica principal a mania de perseguição. Também muita desconfiança, excesso de preocupações, etc.

No caso da paranoia a mania de perseguição é realmente bem aparente, pois é facilmente notada em alguns, presente de uma forma bem exacerbada, os quais falam realmente que estão lhe perseguindo, sem razão verdadeira, e também que precisam se proteger. Afirmações desse tipo são comuns nesses indivíduos. Porém isso não significa que tenham um déficit intelectual, é apenas uma situação que se relaciona principalmente à infância. Esses indivíduos podem até trabalhar normalmente, até se formarem em algum curso superior. Apenas têm essa anomalia, a mania de perseguição, além de outros possíveis comportamentos estranhos, mas que não os impedem de ter uma vida social normal.

Podemos notar, porém, algumas caraterísticas desses referidos tipos de psicopatologia em muitos indivíduos que são considerados normais. Por exemplo: a mania de perseguição da paranoia é comum a diversas pessoas, porém há realmente algumas diferenças entre um quadro patológico e o normal, pois todos temos certo sentimento de perseguição, em algumas situações. No entanto, quando é em nível normal, o indivíduo não fala que estão lhe perseguindo, nem mesmo se preocupa em demasia com isso. Outra característica como a desconfiança é muito comum a diversas pessoas. Em alguns, mesmo considerados normais, essa característica é bem exacerbada. Até mesmo a imitação, que é característica da catatonia, por exemplo, é comum a diversas pessoas consideradas normais. Embora haja realmente algumas diferenças em geral de quadros psicopatológicos e dos considerados normais, há também semelhanças. Por essas e outras razões, podemos confirmar que não há ninguém totalmente normal, apesar de algumas diferenças reais em casos de psicopatologia.

Há um fato a ser considerado. Na vida adulta, os sentimentos de perseguição podem ser ampliados, com relação à influência infantil. Se o adulto cometeu algum delito, pode, ao ver qualquer pessoa, ficar muito preocupado e até tenso, pensando que aquela possa ser um policial, por exemplo. Além de outras situações que podem também acontecer e gerar no indivíduo maior sentimento de perseguição. Este é um fato relacionado à infância, mas que pode ser bem ampliado na vida adulta, devido a circunstâncias que podem acontecer na vida do indivíduo.

Algumas pessoas têm também o sentimento infantil, relativo à fase em que tinha alguma dificuldade de distinguir entre o ser infinito e finito, e ainda pensa que tudo lhe pertence, que é o centro das atenções. Esse é um sentimento, para muitas pessoas consideradas normais, bastante incisivo, que se relaciona à fase infantil, embora não seja igual para todos. É comum que algumas pessoas em nosso meio social, ou em nosso trabalho, ou qualquer pessoa, ao comentarmos algo com ela, pense que estamos falando diretamente para ela. Exemplo: se falamos que fomos assistir a um espetáculo de circo, por exemplo, a essa pessoa, ela pode dizer logo algo como: são poucos os espetáculos de circo que são bons, eu quase não vou. Como se quem tivesse feito o comentário estivesse repreendendo essa pessoa por não ter ido ao circo. Isso é comum em nosso meio, é apenas um engano, mas que tem relação com sentimentos da infância, o que não caracteriza o indivíduo como tendo algum distúrbio psíquico, mas não é uma atitude muito apropriada à pessoa bem equilibrada psicologicamente. Mas também não é um fato de se preocupar muito com isto, pois é até normal.

Não devemos confundir certas situações, pois há também indivíduos que querem realmente controlar os outros e dizem que foram a um espetáculo, que foi muito bom, que quem não foi perdeu bastante, ou mesmo deixam bem implícito que todos deviam ir. Mas há mesmo os que se acham o centro de tudo, quase tudo que se fala, pensa que serve para ele, ou que o outro o está advertindo, mesmo que o indivíduo não seja caracterizado como tendo um distúrbio psicopatológico.

Há diferenças reais entre pessoas normais em relação a alguém que tenha um tipo de psicopatologia, não se deve pensar que as classificações são inúteis. As classificações não são exatas, mas há algumas reais diferenças. A maior diferença é que na psicose o nível de consciência é bem diminuto, enquanto na neurose o nível de consciência é bem mais elevado. Mas há outras diferenças. Na psicose pode haver alucinações, desvio de atenção, etc. Já na neurose o nível de ansiedade é o que mais a caracteriza. As preocupações em demasia e certa impaciência fazem parte do comportamento neurótico, além de outras características não necessariamente relacionadas à ansiedade. Há diversas características e condições, até mesmo porque a neurose e psicose são termos gerais e cada um tem várias subdivisões. Há também outros fatores que dificultam as classificações, o principal é que cada pessoa é única. Porém como seria se não houvesse as classificações? O trabalho da área comportamental seria incompleto.

Casos de fobias

A fobia é o medo em maiores proporções, quando não há perigo nenhum, ou mesmo em situações em que quase não há perigo. O indivíduo até se esquiva de certas situações, como não subir para um local mais elevado, mesmo que não haja perigo, no caso da fobia de altura.

Há diversas situações que geram fobias, que são normalmente ligadas à infância, mas até na vida adulta pode também haver fatos geradores de fobia. Antes dos cinco anos aproximadamente, é uma fase dominada pelo inconsciente. É muito comum a criança, nessa fase, principalmente quando bebê, sentir muito medo ao ouvir barulhos de trovões, foguetes e outros, sentindo-se ameaçada e tensa. Isso poder gerar na vida adulta algum tipo de fobia. O adulto que na infância não teve como superar a reação ao medo pode se comportar de uma maneira infantil, ao ouvir trovões, foguetes ou outros barulhos fortes, encolhendo-se e buscando até uma proteção, sem necessidade real. Esse é um tipo de fobia.

Para evitar maiores problemas no futuro, quando a criança sentir medo ao ouvir trovões, deve-se explicar-lhe que se trata de um fenômeno que ocorre muito longe e que é um acontecimento natural e normal, dentro da compreensão dela. Se for ainda bebê, procurar dar atenção a ela, para que não se sinta amedrontada e sem ter a quem recorrer, quando há muito barulho.

Há também fobia de escuro, cuja origem pode se dar em crianças que choram de madrugada porque acordaram e nada viram; embora os pais possam pensar que o choro é por fome (o que é muito comum, mas nem sempre ocorre), muitas vezes é por medo do escuro. Isso também pode gerar fobia no adulto. Se possível, não deixar a criança totalmente no escuro à noite e dar-lhe muita atenção quando chorar a noite. Todavia não se deve deixar a luz acessa à noite ou de madrugada, pois pode depois a criança vir a ter posteriormente dificuldades de dormir no escuro, ou sentir bastante medo ao dormir no escuro. O principal é tranquilizar a criança à noite e, quando estiver em uma idade que possa compreender, explicar-lhe que isso é normal e acontece diariamente, ou outras explicações, dependendo do entendimento da criança.

O medo não superado pode gerar também outros distúrbios, até problemas na fala, como gagueira. Também pode fazer com que o indivíduo não saia de casa, em algumas ocasiões. Além de outros possíveis distúrbios relacionados ao medo, que podem ser somados a outros problemas infantis e gerar alguns distúrbios de maior intensidade. Mas tudo pode ser superado. Aliás, a criança por si só pode superar, em parte, seus problemas, pois, quando começa a brincar, isso pode ser um meio de ela própria superar alguns transtornos psicológicos, porém não todos. No caso da gagueira, um processo psicoterapêutico pode sanar o problema, se esse for apenas relativo ao desenvolvimento psicológico.

A fobia de altura pode ser devido a possíveis tombos na infância, em que o indivíduo não conseguiu superar o sentimento que teve naquele momento.

São diversos os tipos de fobia, como fobia social, fobia de lugares abertos, de correntes de água, além de diversos outros. Todos estão relacionados a aspectos do desenvolvimento psicológico do indivíduo, mas nem sempre à infância. Há alguns tipos de fobia para os quais nem há uma explicação normal, ou que fogem um pouco da explicação psicológica, mas podem ser sanados com trabalhos intensos de psicoterapia.

As fobias são diversas e cada uma tem sua denominação. Alguns exemplos: acrofobia – fobia de altura; fobia social – sociofobia, além de diversas outras, com suas denominações.

Neurose obsessiva

Nesse caso há uma grande preocupação do sujeito com limpeza excessiva. Quando sai de casa, verifica várias vezes se fechou a porta. Faz atos repetitivos, e outras características. Para tentar sanar esse problema, deve-se propor a essa pessoa, ou aos familiares, que ela faça exercícios físicos com uma supervisão de um bom profissional, que pode ser auxiliar no trabalho terapêutico. Também uma alimentação bem balanceada. Assim, a pessoa terá maior autoconfiança e até melhor discernimento das situações, pois a alimentação saudável pode até promover grande melhora em diversos aspectos, inclusive na questão do nível de consciência. Também uma psicoterapia é importante nesse caso. Muitos não aceitam trabalhos terapêuticos ou qualquer atividade, mas pode ser que tenha algo de que a pessoa mais goste e possa auxiliar no equilíbrio energético, podendo aceitar uma psicoterapia, ou, se não aceitar, deve-se buscar outra alternativa possível para, pelo menos, melhorar a situação.

Um dos maiores problemas que afetam as pessoas é o desequilíbrio energético, que pode causar inclusive falta de confiança em si próprio, memória fraca, desânimo. Por isso é de grande relevância o equilíbrio energético físico, que se efetua com boa alimentação, exercícios físicos bem feitos, além de diversos outros procedimentos que podem se adaptar melhor a cada indivíduo, como prática de esportes menos desgastantes e menos perigosos, e outros meios a que melhor se adapte.

Sonhos

A questão do sonho e do sono é bastante complexa. Deveria até haver uma disciplina somente para tratar dessa questão. O sono é de ordem mais da área médica.

Pela parte psicológica, o que mais interessa são os sonhos. Isso não é nada simples, envolve muitas partes. Há bastante relação do sonho com a vida quotidiana, porém há outras relações com dimensões mais sutis também.

O sonho foi muito estudado por vários cientistas. Entre eles se destacam Carl Gustav Jung, Sigmund Freud, além de contribuições de vários outros autores. As considerações de Freud referem-se principalmente a desejos reprimidos que são realizados no sonho. Isso tem fundamentos reais, mas há também outras teorias dele, que são importantes a respeito do sonho. Jung relaciona aspectos do chamado Inconsciente Coletivo relativo ao sonho. Arquétipos pessoais e até coletivos, referentes ao Inconsciente Coletivo, podem ser revistos no sonho, segundo Jung. Além de outras teorias dele a respeito do sonho. As diversas teorias de Freud e de Jung sobre aspectos inconscientes, relativos à vigília, também são válidas para o sonho.

Há também várias outras teorias sobre o sonho. A questão da emoção com relação ao sonho é um fator bem significativo. As pessoas que assistem a filmes de terror, ou àqueles que tenham fatos geradores de alguma sensibilização ao indivíduo, podem sonhar com ataques contra si, devido ao filme a que assistiu. O sentimento de medo, ou qualquer outro sentimento, pode gerar imagens no sonho, que correspondam àquele sentimento. É o chamado terror noturno, em que o indivíduo grita quando está dormindo, pois sonha que alguém lhe ataca, ou mesmo que o ameaça, como no filme (como uma projeção psicológica relativa ao filme). Além de cenas de violência a que possa assistir e se emocionar bastante. Até mesmo se vir tais cenas ao vivo. Pode sonhar inclusive que está fazendo grande esforço para se livrar daquilo. Por tudo isso, é importante que o indivíduo conheça a técnica da autossugestão, que é a de se tranquilizar, dizendo a si mesmo, silenciosamente, quando assiste a um filme, que aquilo não vai lhe causar preocupações e nem virá perturbar seu sono, pois é apenas um filme, ou uma reportagem, quando for o caso. Se vir alguma cena violenta ao vivo, pode também, depois do acontecido, ter o mesmo procedimento da autossugestão. No momento exato do acontecimento, pode ser difícil adotar esse procedimento, pois o acontecimento pode ser repentino, e o indivíduo não ter tempo suficiente para sua autossugestão, já que é bom sair do local naquele instante.

Há vários aspectos a serem considerados na questão do sonho. Em dimensões mais sutis (do estado onírico), o tempo e o espaço são diferentes da nossa dimensão física. Portanto, pode-se sonhar que se está em vários lugares quase simultaneamente, ou que se fazem várias coisas simultaneamente.

Há ainda sonhos premonitórios, em que o indivíduo sonha com o que vai acontecer, de fato.

É comum sonho com pessoas da família que já faleceram. Sonhos também com pessoas do convívio diário. São vários os aspectos do sonho.

Nos sonhos há os movimentos rápidos dos olhos, como se acompanhando as cenas do sonho. Esses momentos são chamados sono REM.

Há diversas situações e condições do sonho, até mesmo um estímulo sensório no momento do sono pode fazer com que o indivíduo tenha um sonho relativo ao estímulo. Por exemplo, quando houver uma corrente de frio, o indivíduo pode sonhar com cortinas em movimento.

A interpretação de sonhos não é uma tarefa fácil. É preciso que a própria pessoa que sonhou tente alguma associação com suas experiências, seus sentimentos, etc. De qualquer forma, pode ser um sonho que não se relacione com o que o indivíduo sente ou experimenta; pode haver várias relações, que podem dificultar a interpretação. Também é arriscado tentar interpretar os sonhos sem uma análise mais profunda, por qualquer pessoa, até mesmo para um especialista.

Sobre o sono, há alguns aspectos que são do conhecimento científico, como o fato de ele ajudar a fortalecer o sistema imunológico, melhorar a disposição no estado de vigília, se não tiver interrupções e for bem reparador, além de outros benefícios. Pode ter bastante relação com a questão alimentar, pois pessoas que se alimentam pouco também dormem pouco. Quanto menos se alimenta, menos se dorme. Portanto, o sono tem também relações diretas com o metabolismo do corpo e a saúde em geral.

O tempo que se dorme deve ser, normalmente, em torno de 8 horas diárias. É bastante tempo, por isso o sono e o sonho deveriam ser tema de um curso de graduação de longa duração. O que se sabe a respeito já permite que se tenha um curso de graduação, em nível superior, sobre o assunto. A partir daí as pesquisas poderiam ser mais profundas, podendo melhorar esse estudo.

Internamento

Há alguns casos bem mais difíceis de serem tratados realmente, e a internação, em casos de psicose principalmente, às vezes é necessária, pois o indivíduo que não tem condição de autocontrole precisa de tratamento mais intensivo, com maior assistência. Há até certa polêmica com relação à internação, mas esta pode ser realmente necessária, como o que acontece com alguns doentes físicos que precisam de internação e são hospitalizados, fato contra o qual não há contestações. Desde que seja um tratamento bem humanizado e bem executado no caso dos tratamentos psiquiátricos, é mesmo válida a internação, inclusive com assistência de vários profissionais, quando o caso for mais grave. De qualquer modo, isso envolve questões financeiras do interessado, ou de sua família, o que realmente pode dificultar a melhor assistência ao cliente.

Algumas pessoas que são portadoras de quadros oligofrênicos e são agressivas podem ser também internadas.

Nos casos de internamento, o indivíduo não pode sair do hospital psiquiátrico, durante o tratamento, pois é possível que esteja fora de seu controle pessoal e cause alguns problemas em casa ou mesmo em outros ambientes, se estiver solto.

A Psicologia e as ciências médicas (como a Psiquiatria, a Neurologia) podem ajudar em casos de distúrbios psicológicos e patológicos da área do comportamento, há sempre possibilidades de melhoras nos quadros psicopatológicos. É o que a ciência pode fazer. Em casos mais simples, não é necessária a internação, e sim o tratamento psicológico.

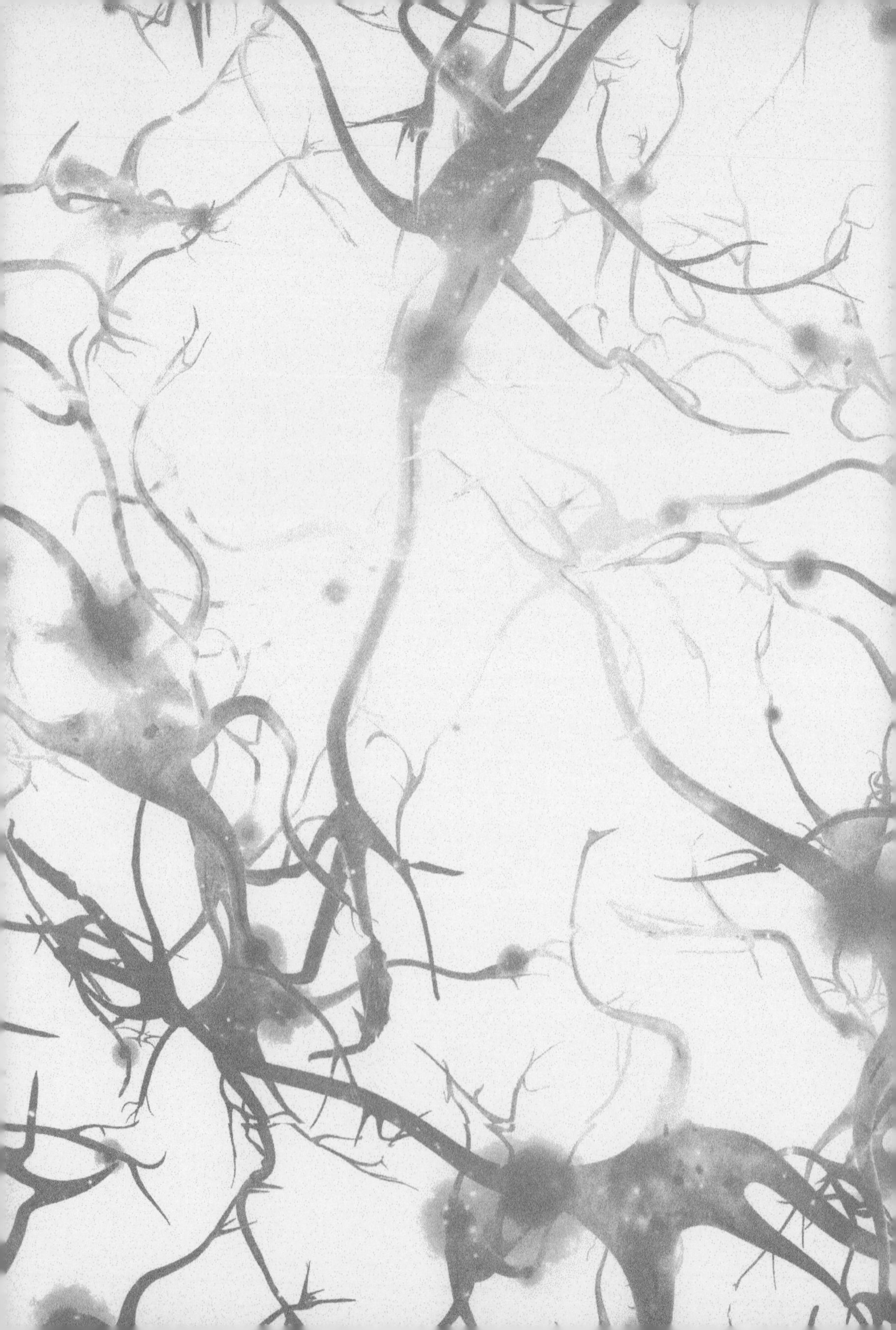

CAPÍTULO 6

A fisiologia e sua relação com alguns distúrbios psíquicos

Os distúrbios psíquicos podem ter relação com distúrbios fisiológicos, mas há também alguns distúrbios causados quase que estritamente devido ao desenvolvimento psicológico. Em geral, os distúrbios de mais difícil controle podem ter relações com a parte fisiológica.

Segundo o eminente cientista russo Pavlov, as estruturas corticais e subcorticais estão relacionadas a vários tipos de enfermidades psíquicas, além de outras estruturas cerebrais. São grandes as correlações dessas enfermidades psíquicas de mais difícil controle, com as condições orgânicas. Sobre a esquizofrenia chegou-se à seguinte conclusão:

> A atividade cortical dos esquizofrênicos manifesta grande debilidade geral, segundo Pavlov. As dificuldades funcionais do córtex, assim debilitado provocariam a aparição de pontos e focos isolados, inválidos em sua terminologia. Ivanov-Smolenski chama estes focos de estruturas dinâmicas patológicas, manifestando tendência à desestruturação. Pavlov dizia que nos esquizofrênicos sob as influências das impressões fortes e sob a base de uma doença orgânica contínua e progressiva aparece sempre maior número de tais pontos no córtex, efetuando sua progressiva desagregação, além da dos hemisférios e a dissociação de seu trabalho normalmente interligado (CORRÊA, 1975, p. 121)

Chegou a outras conclusões também sobre a esquizofrenia do tipo catatônico: “As estruturas subcorticais estariam desinibidas e a área cortical sinestésica inibida e sem condição de controlar os impulsos mais primitivos. Para Pavlov, tudo isso apresentava um caráter funcional e não orgânico ou anátomo-patológico" (CORRÊA, 1975, p. 122). Isso explica o estupor (imobilidade repentina, sem reações do indivíduo) que ocorre na catatonia. Sendo de caráter funcional, tem bem mais possibilidade de cura. Há outros sintomas que fazem parte da catatonia e de outras espécies de esquizofrenia, podendo existir também outras situações patológicas orgânicas envolvidas. Pode também haver outras manifestações comportamentais, com relação à esquizofrenia em geral, aliadas a outro tipo de enfermidade mental, pois não significa que o indivíduo que é portador de uma patologia psíquica não tenha outro tipo de manifestação comportamental de caráter patológico. Com relação ao aspecto fisiológico, pode inclusive haver alguma deficiência na comunicação dos dois hemisférios cerebrais, o que gera alguns sintomas característicos da esquizofrenia.

Há diversas outras conclusões, referentes às estruturas corticais e subcorticais, nos casos de enfermidade psíquica. Segundo Pavlov, também na neurose Histérica ocorre este desequilíbrio entre a excitação e inibição cortical, com predominância das estruturas subcorticais.

As conexões sinápticas e o desequilíbrio na excitação e inibição dessas conexões também podem ajudar no desenvolvimento de crises psicopatológicas.

Há diversos casos psíquicos mais graves, podendo haver alguma patologia física relacionada. Também quase todos envolvem questões energéticas, pois quando não há equilíbrio energético, é necessário o ajuste, que deve ser conseguido através de alimentação adequada, também com exercícios físicos aliados à respiração, além de outros procedimentos. A psicoterapia também pode ser útil em muitos casos; são trabalhos conjugados, que podem resolver ou pelo menos controlar certas desarmonias psíquicas.

"Em termos neuropatológicos, cabe mencionar que, na demência senil de Alzheimer, ocorre uma redução considerável das enzimas que sintetizam acetilcolina no prosencéfalo basal, e que o núcleo basal de Meynert sofre uma degeneração acentuada e seletiva" (GRAEFF *et al.*, 1993, p. 41). Isso envolve desequilíbrio energético orgânico, mas pode ter também certo grau patológico. Os casos patológicos que influem nas enfermidades psíquicas são de mais difícil controle. Aquilo que envolve a energia do corpo pode ser suprido com medicamentos adequados ao caso, também com alimentação que possa ajudar nesse equilíbrio, além de outros procedimentos específicos a cada caso.

No caso de depressão, a questão endócrina é de grande importância. "Aproximadamente 50% dos pacientes com depressão maior apresentam aumentos na concentração de cortisol no plasma, líquido cérebro raquidiano e urina" (GRAEFF *et al.*, 1993, p. 104).

A depressão pode ter algumas relações de ordem funcional em sentido físico, por essa razão pode ser controlada por meios mais naturais, como exercícios, alimentação bem equilibrada e outros meios. Há até um tipo de terapia que poderia ser utilizada nesses casos, que é a do equilíbrio térmico do corpo, que pode ajudar bastante, pois, se houver um equilíbrio térmico do corpo, o nível energético pode ser ajustado, porém associado a outros tratamentos. O tratamento da Medicina Natural é por meio de banhos frios ou quentes, ou ambos, além de outros meios, para suprir o desequilíbrio térmico do corpo. Não faz parte dos tratamentos convencionais da Psicologia e da Psiquiatria, mas são usados por outros terapeutas. Atualmente quase não existe mais o tratamento da Medicina Natural. A Fisioterapia faz esses trabalhos, portanto pode ser também um auxílio ao tratamento da área psicológica e psiquiátrica. Os trabalhos da Medicina Natural, por sua vez, são mais diversificados. A Fisioterapia também tem seus méritos, pois é um trabalho científico, enquanto a Medicina Natural também tem ótimos embasamentos teóricos. Ou seja, nada pode ser menosprezado.

As massagens também podem ajudar no equilíbrio energético, que é característico de vários distúrbios, inclusive a depressão. Frequentar locais com ar mais puro, áreas mais abertas, pode também ajudar nesse caso.

A depressão caracteriza-se principalmente pela falta de energia física, mas pode ser ajustada, se for bem tratada. Devemos sempre ter em mente, o fato de que o que mais pode desequilibrar o nível energético do indivíduo é sua alimentação, se não for bem adequada, além de outros fatores, como excesso de poluição, falta de exercícios físicos. Mas há também motivos psicológicos que podem gerar a depressão, tais como: perda de emprego, morte de parentes próximos, perdas financeiras, além de outros, particulares de cada um. Um meio para ajuste da condição emocional é o trabalho psicológico, pois o indivíduo pode colocar para fora suas frustrações, o que é um modo de ajuste psicológico, bastante útil nesse caso.

Outro caso é o estado epiléptico. Há um fato interessante, com relação às convulsões do estado epiléptico, que é explicado pela Medicina Tradicional Chinesa: as convulsões são devidas à deficiência na circulação de sangue, de modo que ficam com ar frio algumas partes dos vasos sanguíneos vazios, onde deveriam ser preenchidos pelo sangue. Esse ar frio percorre todo o corpo, impulsionado pelo sangue, gerando as convulsões, inclusive na parte cerebral, gerando inconsciência no momento das crises epilépticas. Isso realmente tem relação com a questão das convulsões. Mesmo pessoas normais, que saem de um ambiente fechado e vão para fora, onde há frio intenso, tremem um pouco. Porém, não tendo a tendência a crises epilépticas, não há inconsciência, nem mesmo fortes convulsões, como na epilepsia. Nas crises epilépticas, mesmo em temperaturas normais, as convulsões podem acontecer, devido a essas partes vazias nos vasos sanguíneos, que, impulsionadas pelo sangue que acompanha a parte com o ar frio, podem percorrer todo o corpo intensamente. Também há processos neuronais envolvidos.

Há ainda algumas considerações da Medicina Tradicional Chinesa que relaciona os órgãos a algumas nuanças psicológicas, como no caso do fígado congestionado que gera raiva no indivíduo. Os rins relacionam-se ao sentimento do medo. O coração, à euforia. A vesícula biliar, à condição de decisão. Isso se refere ao nível energético do momento, não são características fixas, mas, se não houver tratamentos, pode afetar o indivíduo por longo tempo. Esses são, pois, alguns exemplos, há outros sentimentos relacionados a outros órgãos. Se formos pesquisar bem, em nós mesmos, podemos notar realmente essas relações. Quando o indivíduo está com muita raiva, sem grandes razões, pode realmente o fígado estar congestionado, necessitando o ajuste, com medicamentos, principalmente os naturais, além de outros procedimentos.

As psicopatologias podem ter relação com esses referidos sentimentos relativos aos órgãos. Um caso especial, como o da síndrome do pânico, cuja principal característica é o excesso de medo, pode estar relacionado com algum desajuste nos rins. Mas não é apenas isso, pois há várias outras características da referida síndrome, tais como muita ansiedade e desespero em algumas situações, sem motivos. Nesse caso, poderia ser feito um tratamento diretamente com os rins, porém pode haver outros órgãos também com algum tipo de desajuste, e tudo deve ser verificado. O medo normal é até útil, pois pessoas muito destemidas podem enfrentar várias situações de perigo, sem necessidade, e às vezes se prejudicarem em demasia. Porém o medo em excesso é prejudicial também, pois pode a pessoa nem querer sair de casa, por medo de enfrentar qualquer situação. O medo também tem relações psicológicas e, se for muito intenso, a psicoterapia é recomendada.

Nossa ciência ocidental dá grande ênfase à parte cerebral em relação aos distúrbios psíquicos, o que realmente é o principal, mas o corpo, em geral, pode também ser considerado em casos referentes à saúde. Em meu entendimento, o plexo solar e o plexo cardíaco também podem estar envolvidos em muitos distúrbios de caráter emocional. As emoções descontroladas estão presentes em vários distúrbios psíquicos. Na visão ocidental apenas o sistema límbico cerebral tem relações com as emoções.

Esses são apenas alguns exemplos da relação entre a questão anatômica e fisiológica com as psicopatologias; é bastante complexa essa parte, que descrevo sucintamente, por tratar de vários assuntos relacionados à parte psíquica. Esses exemplos servem apenas para se ter noções de como há relações entre a parte anatômica em geral, e enfermidades psíquicas.

Existem vários conhecimentos orientais, que realmente podem ser aproveitados pela ciência ocidental, e isso pode enriquecer o trabalho da nossa ciência.

As relações dos órgãos com distúrbios psíquicos e outras relações de todo o corpo não significam que a parte cerebral não esteja também envolvida em todos esses distúrbios, mas a ênfase é quase total na parte cerebral, pela ciência ocidental, no caso de distúrbios psíquicos. Contudo, isso não tira os méritos da ciência ocidental, pois alguns medicamentos têm efeitos mais gerais no corpo, mas poderiam considerar mais certas partes físicas, em casos especiais.

Se os desajustes funcionais forem aumentando com o tempo, podem ficar descontrolados e muito influir na questão psicopatológica. Por isso são de grande importância as atividades físicas, o controle alimentar e outros específicos a cada pessoa, para que possa controlar também seu nível energético e os desequilíbrios funcionais, até mesmo com relação às psicopatologias.

São várias as situações em que o indivíduo pode ter algum desajuste comportamental. Na área psicológica há várias questões. Há diversas fases por que a pessoa passa e que podem ser muito difíceis, uma delas é a adolescência. Embora passageira, nessa fase ocorrem vários problemas com o adolescente, que tem comportamentos diferentes de outras pessoas e que incomodam a muitos. A fase infantil é a que pode ter mais influência com relação a distúrbios psíquicos futuros do indivíduo. Daí a necessidade de um trabalho psicológico também em relação a distúrbios psíquicos, mesmo que auxiliar, em casos de psicose. Há diversas fases que o indivíduo atravessa e que podem ser resolvidas também com psicoterapia e o que for preciso à situação do indivíduo.

CAPÍTULO 7

O equilíbrio energético

O equilíbrio energético físico é importante em grande parte dos casos de psicopatologia. Podem ser feitos pela Fisioterapia. É um trabalho importante, que muito ajuda no controle energético. As massagens também são importantes para o controle energético, porém não são um procedimento usual dos tratamentos ocidentais. A boa alimentação é também de suma importância nesse sentido.

A Medicina Natural é também de grande relevância no equilíbrio energético. Atualmente quase não existem mais terapeutas que trabalham com a Medicina Natural, que não é somente o uso de ervas para serem tomadas em forma de chás, mas considera também a questão alimentar. Além de tudo, é um trabalho principalmente de equilíbrio energético, proporcionado pelo equilíbrio térmico do corpo, por aplicações de banhos de água fria, compressas frias nos locais do corpo em que se esquenta muito (locais de inflamação). Também compressas quentes são usadas, quando os músculos ficam mais rígidos. O equilíbrio energético pode-se efetuar com o equilíbrio térmico do corpo, que ajuda na recuperação física e, nos casos de psicopatologias, também pode auxiliar. Usam os naturalistas várias técnicas de banhos em banheiras, inclusive com duchas de água fria e outros meios.

A Fisioterapia também tem seu trabalho semelhante ao da Medicina Natural, usam bolsas térmicas (quentes e frias) nos locais apropriados, além de outros trabalhos diversificados para a recuperação física do indivíduo.

O mais importante para o equilíbrio energético é a boa nutrição do corpo. A alimentação é o principal, embora seja o ar que mais nutre o indivíduo, porém o que mais pode gerar desajustes físicos e psíquicos é a má alimentação. Para que possa ajudar o indivíduo a ter mais disposição, maior controle pessoal, que é indispensável à boa saúde física e psíquica, deve haver alimentação bem apropriada. Um dos fatores mais importantes é evitar alimentos que contêm muita energia, também os que contêm muita gordura, em especial gordura saturada e colesterol. Um bom nutricionista pode ajudar bastante com relação à alimentação, que será mais detalhada em capítulo posterior.

O equilíbrio energético também pode ser feito, frequentando locais onde há ar mais puro, ou onde há correntes de água pura, pois isso tem grande importância. Também o ar nas montanhas é mais puro, exceto quando há no local muita poluição, em locais de cidades localizadas no nível de montanha. Penso que poderia fazer parte dos tratamentos físicos e psíquicos a visita das pessoas a locais onde há água mais pura e muito verde. Isso poderia ocorrer de forma constante durante o tratamento, na medida do possível e das condições de cada um, a fim de favorecer os tratamentos.

As massagens também ajudam muito no equilíbrio energético do corpo, proporcionam melhor circulação sanguínea, o que é útil no tratamento de diversas enfermidades físicas e psíquicas. Isso é de grande relevância no tratamento de distúrbios psíquicos, porém não deve ser usado isoladamente, há vários outros meios de tratamento.

Há também banhos de ervas, que alguns terapeutas usam, e não são da área médica, nem psicológica. São banhos comuns com ervas em banheiras, o que também é bem interessante, inclusive como auxiliar no ajuste psicológico. Muitos podem achar que são trabalhos místicos, mas esses trabalhos são bem interessantes, sendo usados mesmo por profissionais da área espiritualista. Esses trabalhos podem ajudar também na parte psíquica, em que não se precisa de muitos detalhes, apenas simples ações, embora deva haver também certo conhecimento para isso. Nesse caso, é apenas uma pequena ajuda a mais. De qualquer modo, visitas a locais de ar puro e muito verde são bastante úteis para ajustar o nível energético de cada um.

Os exercícios físicos também ajudam o indivíduo a obter mais energia equilibrada. Mas devem ser feitos com supervisão de alguém que entenda do assunto, senão podem não ter os resultados esperados.

Também pode haver até alguns problemas, se não forem feitos de uma forma adequada.

São vários os tipos de energização e espécies terapêuticas. Os profissionais da área médica e psicológica não têm a obrigação de conhecer tudo a fundo, mas devem ter, pelo menos, algumas noções. Também não precisam trabalhar em outras áreas, pois o trabalho deve ser realmente específico de cada área.

O relaxamento, se feito de uma forma adequada, pode ajudar também no equilíbrio energético do corpo, junto a exercícios físicos.

Há diversos tipos de terapias na atualidade, como cromoterapia, musicoterapia e diversos outros. Mas o principal é o controle alimentar e também a visita a locais de bons fluidos energéticos. Outros meios terapêuticos muito importantes são as massagens e o equilíbrio térmico do corpo, o que se faz por meios naturais, além dos trabalhos científicos da área comportamental.

São vários os tipos de terapêuticas para ajudarem na energização física. Muitos não fazem atividades físicas, não se importam com a saúde, mesmo não estando bem em seu estado de saúde, inclusive na saúde psíquica. Por isso a ajuda de terapeutas alternativos pode ser benéfica a alguns desses, para recuperação física e até mesmo no sentido psíquico, pois podem contribuir bastante, até mesmo quando o cliente não quer se exercitar ou fazer o que lhe for indicado pelo profissional da área comportamental. Nessas terapêuticas alternativas, o próprio terapeuta trabalha o que for possível para ajudar ao cliente, sem muita participação deste. Embora a pessoa deva fazer sua parte, mas há os que não fazem e podem ter ajuda desses trabalhos alternativos, os quais a família pode requisitar.

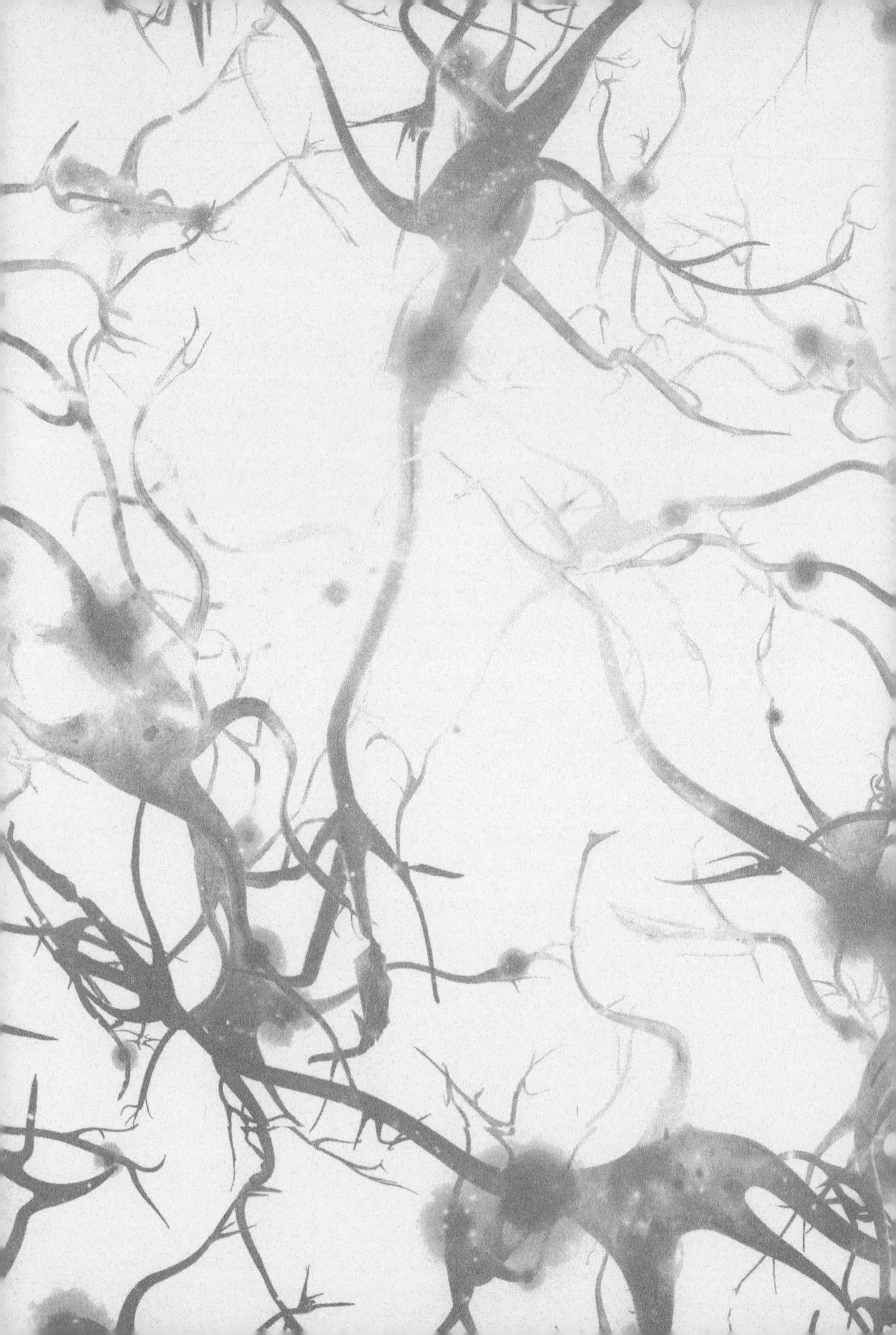

CAPÍTULO 8

Trabalhos religiosos

As religiões também têm suas partes terapêuticas, mas não devem ser confundidas com os trabalhos científicos. Alguns trabalhos espiritualistas e de diversas religiões podem também ser um meio de ajuste em termos psíquicos, em certos casos. Mas esses trabalhos não fazem parte do que é realizado pelas ciências do comportamento.

Alguns trabalhos religiosos são direcionados especificamente para o tratamento de vícios, como os da bebida alcóolica, drogas e outros. Quando é possível, levam o indivíduo a cachoeiras, ou onde há água mais pura, para se banharem e receberem os bons fluidos do local. Isso ajuda o indivíduo a se fortalecer, pois se ele tem sua aura (que é a área sutil de cada pessoa e que a protege, segundo o espiritualismo) fortificada, pode não ser perturbado por energias que o desequilibram. Mas é também necessário o trabalho científico, pois os viciados em bebidas alcóolicas, por exemplo, não sentem o gosto amargo da bebida. Há alguns remédios naturais, principalmente, que podem melhorar essa condição. É preciso também desintoxicar o organismo do indivíduo que já bebe há mais tempo, também preferencialmente com remédios naturais. São trabalhos que podem ser conjugados. Mas esses trabalhos de ordem transcendental são para quem se interessa, pois muitos nem acreditam e não se relacionam com o trabalho científico, mas podem ter seu valor também e poderiam ser auxiliares dos trabalhos científicos.

Sobre a aura humana, não faz parte do estudo da ciência ocidental. Esse estudo é apenas dos conhecimentos orientais, que já existem no Ocidente. Portanto, se o indivíduo estiver interessado, pode procurar o trabalho de Yoga, ou até mesmo trabalhos espiritualistas, para se equilibrar melhor energeticamente, mas com alguma precaução, conhecer bem o profissional e seu trabalho, para não ser enganado, pois mesmo profissionais com formação científica nem sempre se esforçam para fazer o melhor.

Há, porém, alguns trabalhos religiosos, que envolvem magia negra. Isso é prejudicial, pois quem participa disso é como se estivesse entrando no meio da sujeira, e pode ser contaminado. Realmente não há duvida de que esses trabalhos podem prejudicar os que foram vítimas disso. Deve-se procurar ajuda de alguém capacitado para evitar muitos problemas, em diversas áreas, inclusive na área do comportamento.

As religiões têm propósitos distintos das ciências do comportamento. Mas há trabalhos religiosos que podem ser realmente úteis para alguns casos psicológicos. De qualquer modo, a ciência não se envolve nessa parte. Casos de magia negra (trabalhos para invocar espíritos e forças sobrenaturais que prejudiquem outras pessoas) também podem influir no comportamento de forma negativa, além de poderem causar transtornos gerais.

Há outros trabalhos religiosos, que têm por finalidade o ajuste psíquico também. A confissão católica está relacionada à psicoterapia, pois é um trabalho de catarse, como o que ocorre com a psicoterapia. Os católicos falam de outras finalidades, referentes ao perdão de pecados, relativas ao aspecto religioso. Na Psicologia, por sua vez, há diversas técnicas com relação ao trabalho terapêutico, mas também o trabalho religioso tem sua importância.

O trabalho psicológico e o da Psiquiatria não envolvem terapias naturais, nem relativas à parte transcendental, mas podem os interessados também requisitarem tais trabalhos, desde que sejam bem feitos, com pessoas capacitadas e com bons propósitos. Os profissionais da área da Psicologia, Psiquiatria e outros, que trabalham na parte científica, não indicam esses tipos de trabalho normalmente.

Os profissionais da área do comportamento não misturam seus trabalhos com outros, pois não é recomendável. Mas quem se interessar pode experimentar outras espécies terapêuticas, normalmente com a supervisão de alguém capacitado, pois em tudo se deve saber o que está fazendo, pois se tiver a pretensão de fazer tudo por conta própria, pode não ter bons resultados.

Os trabalhos que se fazem com bons propósitos podem ser valiosos. Não significa que a ciência deve se misturar com a religião, com trabalhos em nível transcendental, ou mesmo de energização. Mas para quem quiser alguns tipos de proteção e energização, é também válido, mesmo em casos de desajustes psíquicos. O indivíduo que apresenta distúrbios psíquicos não tem condição nem mesmo de procurar tratamentos, por isso é útil que muitos saibam de outros tipos de tratamento, que podem auxiliar o trabalho científico.

Cada indivíduo deve fazer sua parte, em qualquer situação. A energização do corpo é importante, tentar uma vida bem equilibrada e tudo mais que puder fazer para se ter autocontrole e saúde são importantes. Mas o trabalho científico também deve haver, quando for necessário.

Até o fato de se afirmar que algo é ou não científico pode ser difícil, pois muito do que existe por aí é comprovado experimentalmente; também há algumas teorias que dão suporte a esses tipos de conhecimentos, presentes em nosso meio e que estão chegando ao Ocidente. Os conhecimentos orientais são bem profundos e não são apenas conhecimentos simples, que não têm verdadeira base experimental e de estudos. Normalmente, distingue-se o que não é estudado pela nossa ciência como não científico, embora isso não seja bem assim.

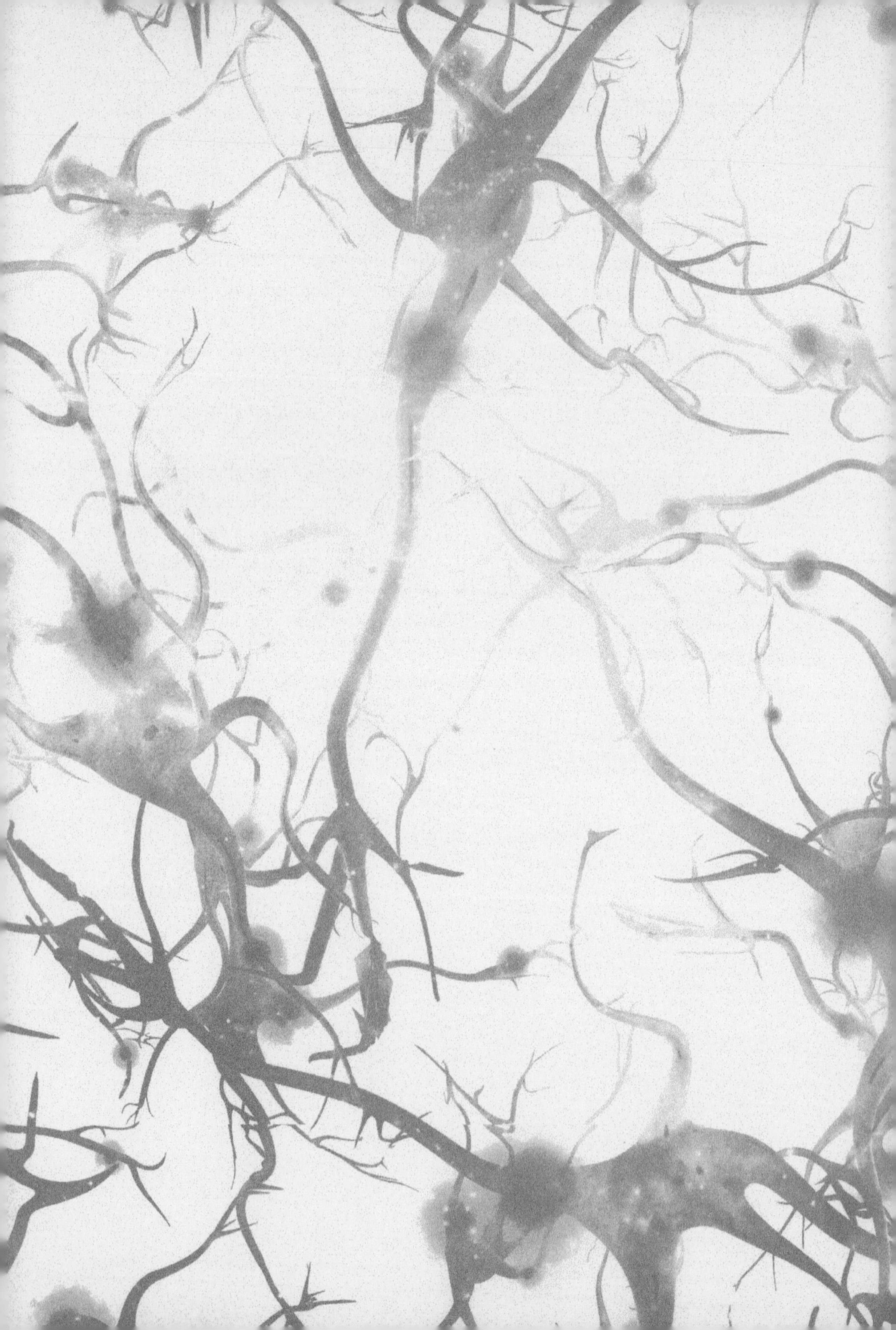

CAPÍTULO 9

O desenvolvimento psicológico

Há diversas fases da vida e diversas experiências que geram o desenvolvimento psicológico.

A infância

A fase da infância é a época que mais é propensa às situações que podem causar diversos tipos de desajustes psicológicos, que podem ter grandes repercussões por toda a vida do indivíduo. Também há possibilidade de serem ampliados alguns desajustes relativamente à fase infantil depois que se passa dessa fase.

Com relação à infância, especificamente, esse já é um tema longamente tratado nesta obra. Tem grande relação com distúrbios psíquicos e vários tipos de comportamento, porém não é tudo. São várias as fases infantis, e em cada uma delas pode haver algum desajuste correlacionado. Mas qualquer experiência infantil que possa causar mais impacto também pode ter alguma influência no indivíduo em qualquer fase da vida.

A infância é realmente a etapa da vida que tem mais propensão a ter algum desajuste, pois nessa época há várias fases de desenvolvimento importantes no aspecto psicológico que, se não forem superadas, podem ocasionar alguns distúrbios psíquicos relacionados, que podem durar longo tempo, dependendo da pessoa. É a fase mais inconsciente, fazendo com que as experiências possam gerar, em alguns casos, certos distúrbios psicológicos, com alguma repercussão futura.

É, pois, de suma importância que a criança seja sempre tratada com carinho, com muita assistência, amparo, desde a fase intrauterina, até quando for preciso cuidados mais intensos. Sem precisar de exageros, pois a superproteção também não é necessária e não é válida. A criança e o adolescente são os que mais precisam de amparo e consideração, mas em nossa sociedade isso não acontece, salvo poucas exceções. Não significa dizer que todos os cuidados e tudo o que se fizer de positivo com a criança sejam suficientes para resolver todos os problemas comportamentais, mas são uma grande ajuda, pois a infância é a fase mais propensa aos desajustes psíquicos.

No trabalho psicológico, a fase infantil é a que é mais visada, sem deixar de se considerar outras épocas da vida do indivíduo. Afinal, cada fase e toda a vivência do indivíduo são importantes e podem ter relação com o comportamento.

A adolescência

A fase da adolescência é de grande transformação física no indivíduo, a questão sexual começa a aflorar com mais intensidade, pois há várias mudanças na parte sexual nessa fase. Entretanto, a pessoa já tem consciência do que faz e essa etapa da vida não é tão influente na questão de desequilíbrio psicológico, embora possa ser também em alguns aspectos, pois, de qualquer forma, é uma fase de muitas mudanças, o que influi bastante no comportamento.

A adolescência é uma fase em que o indivíduo começa a ter muitos amigos. Os pais, a quem o adolescente admirava, passam a ter bem menos admiração pelos filhos, devido à maior socialização. É uma época em que os adolescentes se revoltam contra os pais. De qualquer modo, os pais são sempre referência maior para qualquer indivíduo, apenas na adolescência ela fica um pouco mascarada. A influência dos colegas, vizinhos e de outras pessoas são muito intensas nessa fase. Pode-se, então, haver algumas modificações comportamentais devido a esse e a outros fatos, pois as mudanças físicas interferem na questão do comportamento.

O indivíduo considera os pais como modelo para quase tudo, em qualquer etapa da vida, mesmo na adolescência. Quando não tem consciência do que faz, adota o que o pai ou até a mãe faz ou fala, mas os pais podem não ter razões sempre. Por isso é necessário que o indivíduo tenha sempre consciência do que faz, na medida do possível, mas, de qualquer forma é preciso analisar melhor as situações, para que não seja influenciado pelos pais ou até pessoas que admiram muito. Inclusive há o fato de alguns pais pretenderem impor suas ideias e suas vontades aos filhos, os quais não são obrigados a aceitá-las, se têm certeza do que pensam. Não se deve ter a necessidade de se revoltar contra os pais, apenas se esforçar para compreender o que é o melhor e não querer também fazer tudo por conta própria, sem pensar ou pesquisar a respeito.

A parte psicológica tem algumas mudanças em diversos aspectos. A questão do narcisismo pode ser ampliada na adolescência, por questões mais internas do que externas, isso significa que provém do próprio indivíduo e não há tanta influência externa, em geral. É uma fase de muitas mudanças na vida de todos.

> Um dos problemas centrais da adolescência é o aumento do narcisismo e suas vicissitudes. O destino posterior desse narcisismo é um fator muito importante no alcance da maturidade. Quais as razões para esse aumento de narcisismo? Em geral, ele é o resultado da tendência regressiva que ocorre na adolescência, não só com relação aos impulsos instintivos como também no ego. (DEUTSCH, 1974, p. 23)

O narcisismo começa a ser desenvolvido na infância, já na adolescência pode ser fortalecida essa tendência, também na vida adulta ela pode ocorrer, o que não é um fato isolado, mas frequente e bem aparente.

> O processo de desenvolvimento da adolescência é acompanhado da perda de velhos objetos antes que novos tenham entrado na esfera emocional. As satisfações que antes eram concedidas à criança dependente e indefesa, de acordo com o princípio do prazer, agora dão origem a reações de desapontamento e frustrações no jovem em amadurecimento. A pergunta "Quem me amará agora?" é respondida por "Eu, mesmo" – outro incentivo para o aumento do narcisismo. (DEUTSCH, 1974, p. 24)

O narcisismo tem certas implicações, podendo fazer com que o indivíduo se identifique melhor consigo próprio, ou ligando-se com o amor próprio em demasia, o que pode até gerar certo grau de megalomania, sentimento infantil possivelmente mais aflorado na adolescência.

Isso pode ser passageiro, dependendo do indivíduo, mas pode ser também por longo tempo.

Há outras repercussões nessa fase, em que o indivíduo começa a se preocupar mais consigo próprio e com os relacionamentos fora, diferentemente da fase infantil, em que era bastante dependente e vivia muito no ambiente familiar. Na fase da adolescência já se quer namorar e se tende a pensar bastante em namoro, além de haver mais contato social, o que pode prejudicar os estudos. Porém não devemos atribuir as características pessoais todas ao desenvolvimento psicológico, isso depende do próprio indivíduo também. Por essa razão, há diferenças relativas às consequências do narcisismo em cada um.

Muitos não compreendem o adolescente, mas todos passamos por essa fase. Alguns adultos se esquecem com facilidade dessa época. Mas é realmente uma fase difícil, na qual os pais realmente devem tentar controlar melhor os filhos, com compreensão, mas não deixando que eles desviem muito do comportamento normal e de suas obrigações. O adolescente precisa muito de atenção e afeto, tanto dos pais quanto de professores e outros, mas isso quase não acontece.

Na adolescência há maior repressão familiar, pois já se começa a ficar mais independente. Pode-se ficar sem saber como proceder em algumas situações, pois a questão do Id, que influi no sentido das satisfações dos prazeres, pode ser parcialmente detida, uma vez que nessa fase se começa a desenvolver mais o superego, que já vem sendo desenvolvido com o tempo. Isso pode gerar muitos disfarces por parte do adolescente, que já tem certa censura, pelo superego, mas ainda quer satisfazer seus prazeres. O adolescente fica, pois, indeciso muitas vezes sobre o que deve fazer em certas situações, quando quer satisfazer seus desejos. Também não sabe se fica no meio dos adultos, na companhia dos próprios adolescentes, ou até mesmo de crianças, pois possui um pouco de cada um, tanto da criança, do próprio adolescente e do adulto. Se ficarem no meio das crianças são criticados bastante, e podem não ser bem recebidos pelos adultos, às vezes. A adolescência é, portanto, uma fase de dúvidas, mas com o tempo isso tende a acabar. Precisa-se mais da compreensão de todos.

O adolescente também disfarça muito seu comportamento, pois o superego já está quase totalmente formado. Então quer ser mais ele próprio, mas, pela censura do superego, pode ficar confuso e não saber bem o que quer, de fato. É realmente uma fase de muitas dúvidas, disfarces e até comportamentos estranhos. Se for bem compreendido e não muito repreendido, pode superar melhor essa fase.

É uma fase que também pode ter certas repercussões na vida adulta, pois, se não soube controlar as funções do Id, pode se tornar um adulto muito dependente e até carente, o que ocorre muitas vezes. O adulto disfarça isso um pouco. Há pessoas que, por natureza própria, são mais passivas. Esses tendem a ser mais dependentes, podendo também serem pessoas que não pensam muito no futuro. São, portanto, tendências próprias, mas também pode ter relação com a fase da adolescência.

A fase adulta

Essa já é uma fase de maior consciência. Há também o fato de que o desenvolvimento físico já está completo, depois da adolescência, em praticamente tudo. Na fase infantil, o desenvolvimento acontecia, com várias fases e etapas. Na fase da adolescência, o desenvolvimento físico também ocorre com muita intensidade. Tudo isso com grandes repercussões comportamentais. Portanto, a vida adulta é de mais fácil adaptação, mas não significa que não haja problemas relacionados ao psiquismo. Terá mais responsabilidades, terá uma vida mais independente. Mas as pressões externas podem ajudar a gerar algum desvio de comportamento. Até pode haver pressões familiares, além de outras. Mas nessa fase tende-se a estar mais consciente do que se faz. Se a pessoa procurar se desenvolver intelectualmente e socialmente, poderá ter melhores chances de vencer e ser mais independente. Nem tudo é fácil, há muitas barreiras, mas possíveis de serem superadas.

Todas as fases da vida são difíceis. Na vida adulta as preocupações são bem maiores. Pode não ter muito tempo para cuidar de si próprio e da família, devido ao trabalho e, para alguns, devido ao estudo e a compromissos diversos. Portanto, há também muitas dificuldades nessa época, em termos psicológicos e em qualquer sentido.

As experiências, possíveis traumas e tudo mais da infância podem estar presentes na vida adulta, e não é incomum. Mesmo estando o adulto mais consciente em termos gerais, ainda tem muitos traços inconscientes que o acompanham sempre, em qualquer fase da vida. Também situações diversas podem gerar algum trauma que o acompanhará em sua vida, mesmo causado na fase adulta. Várias situações alarmantes podem gerar trauma, de modo que, se não for superado, o indivíduo pode mudar seu comportamento. Dependendo de suas tendências, pode ter até algum desajuste psíquico em razão das situações em que possa viver.

Na fase da maturidade, o indivíduo se aposenta e pode ficar parado demais, não se preocupando com a saúde, o que pode gerar problemas físicos e até psíquicos relacionados, além de outros possíveis problemas que sempre ocorrem, em todas as fases da vida. Se não se cuidar, a velhice pode ser bem complicada para o indivíduo.

CAPÍTULO 10

Outras influências relacionadas ao psiquismo

A personalidade pode ser estrutural e adquirida. A personalidade estrutural provém da própria estrutura física e psíquica do indivíduo. A adquirida é pelas condições psicológicas, ambientais e outras.

A personalidade tem também sua estrutura, relaciona-se ao tipo físico. Embora as pesquisas existentes que relacionam o tipo físico com a personalidade sejam superficiais, pois só consideram o corpo por fora, podem dar algumas noções sobre a personalidade do indivíduo, que tende a ser mais fixa. Na verdade, as ciências do comportamento são interdependentes, as teorias e tratamento devem ser mais abrangentes.

Alguns exemplos da relação do tipo físico com a personalidade são notórios, mas podem variar também, pois o que já se estudou é apenas superficial, mas, em alguns casos, têm muita relação com a personalidade. Por exemplo, pessoas que têm os olhos mais finos, no sentido horizontal, têm tendência a ser mais detalhistas. Sendo mais detalhistas, observam muito o que está a seu redor, tendendo com isso ao perfeccionismo, devido a esse poder de observação, pois têm propensão a querer arrumar o que não está no lugar, embora isso possa variar também de indivíduo para indivíduo. De qualquer modo, há grande possibilidade de essa relação entre a condição de observação e o aspecto do olho ser real.

O tamanho do nariz relaciona-se ao poder de comunicação, quem possui nariz mais comprido tende a falar mais e ser mais comunicativo, porém isso depende dos órgãos internos também, principalmente do pulmão. Assim, o indivíduo que tiver o pulmão mais desenvolvido tende demonstrar uma comunicação bem acentuada. Nem sempre significa que o nariz comprido relaciona-se a pessoas com maior poder de comunicação, pois isso depende de condições internas também.

As pessoas que falam muito alto tendem a falar mais e, às vezes, a serem prolixas, pois elas têm mais energia para falar. Também pessoas mais ativas tendem a ser mais criativas. Porém nem sempre essas características correlacionadas aos tipos físicos são como se pode teorizar. Há várias outras características por que se pode relacionar o tipo físico com características psicológicas, mas pode haver algumas variações.

Outros estudos de alguns autores que abordam o tipo físico são um pouco superficiais, apesar de válidos, como os trabalhos do alemão Ernest Kretschmer (relacionando o tipo físico geral com o comportamento, mas superficialmente) e o alemão Franz Joseph Gall (relacionando toda a cabeça com o comportamento). Nossa ciência tende a dar muita importância apenas ao cérebro com relação às características psicológicas, mas todo o corpo pode estar envolvido. Esse estudo de Gall tem realmente importância, mas se associado a outros estudos, que, embora superficiais, têm algumas correlações com o comportamento. Também é válido o estudo de Kretschmer, mas é também superficial, embora considere o corpo físico em geral. Certamente há estruturas internas que também se relacionam com o comportamento, porém isso também é variável, de acordo com cada pessoa.

O estudo de Gall foi feito mapeando toda a cabeça, dividindo várias partes da cabeça em seu mapa, relacionando com o comportamento. É também um estudo bem detalhado e com bons fundamentos para sua teoria. Porém apenas pelo rosto não se explica tudo, mas ajuda, junto com estudos mais gerais do corpo.

No trabalho de Kretschmer, de uma forma bem resumida, chegou-se às seguintes conclusões: são três os tipos físicos considerados, chamados de leptossômico (indivíduo magro e frágil); tipo atlético (pessoa com ossos bem desenvolvidos e musculosa); e o pícnico (gordo de estatura média). Chegou-se até à conclusão da tendência psicopatológica desses tipos físicos, relacionando-se, por exemplo, a esquizofrenia ao tipo leptossômico. Embora possa haver mesmo esta tendência, isso não é geral.

Ainda que Kretschmer tenha bons fundamentos teóricos e também há outros aspectos físicos que considera, é de qualquer forma um estudo superficial, mas válido e aproveitável, se associado a outros trabalhos desse tipo. Anteriormente a esses pesquisadores já se existiam estudos semelhantes.

A Psicologia considera estes trabalhos, mas usa mais os testes psicológicos para conhecer melhor o indivíduo. As entrevistas com o indivíduo e com os pais também ajudam bastante.

Os testes psicológicos

São bem mais precisos e podem ajudar no trabalho clínico e no trabalho empresarial. Esses testes são mais completos, pois podem ajudar a conhecer o indivíduo em seus aspectos adquiridos e estruturais, com mais precisão, principalmente no aspecto psicológico.

Há diversos tipos de testes psicológicos: de personalidade, de conhecimentos gerais, tipo de raciocínio e outros. Os testes de personalidade são os mais importantes no trabalho clínico e são bastante precisos, a taxa de acerto pode chegar a mais de 95%, se forem bem analisados.

Porém há que se considerar que os testes psicológicos podem apenas detectar algumas características que são variáveis, apenas do momento. Isso significa que o indivíduo pode estar passando por uma fase emocional peculiar do momento, e ser detectada no teste, mas com o tempo pode este indivíduo voltar a ser como antes. Portanto, é preciso mais cuidado nesse aspecto. Também se podem detectar características mais fixas nos testes.

A entrevista psicológica também pode auxiliar o psicólogo a conhecer melhor o seu cliente, pois detalha mais sobre a vida em geral do indivíduo. Inclusive os pais podem ajudar. A mãe pode até relatar sobre a vida intrauterina, que também tem importância no sentido psicológico e geral do indivíduo. Há algumas teorias a respeito. Se houve uma gestação tranquila e um parto normal e tranquilo, isso pode ter consequências favoráveis na vida do indivíduo, depois que nasce e cresce. Se houver alguns problemas na fase intrauterina e no nascimento, pode haver alguns distúrbios correlacionados, mas não é também um fator isolado, deve ser considerado junto a outros fatores. De todo modo, a fase intrauterina e o parto, dependendo do que aconteceu, podem ter grandes repercussões. Os especialistas aconselham inclusive um parto mais natural e em lugar de maior aconchego do que um hospital, para benefício do indivíduo em toda sua vida.

O fato é que não nos conhecemos bem em termos psicológicos. Por isso é importante a psicoterapia e todos os trabalhos necessários para que o indivíduo possa ter mais controle pessoal e uma melhor condição psicológica em geral, embora não seja suficiente para tudo resolver com relação aos aspectos psíquicos em geral.

A questão do inconsciente, maior objeto de estudo da Psicologia, é por demais significativa para o ser humano.

As chamadas instâncias psíquicas têm grande influência no ser humano e lhe são inerentes. Já foram descritas anteriormente, mas é útil que sejam enfatizadas mais, para melhor compreensão. São três instâncias: o Id, o ego e o superego. O Id e o superego são as influências mais inconscientes, o ego é a mais consciente dessas.

Somos muito influenciados pelo superego, que consiste na influência das pessoas que estão mais próximas, principalmente os pais e a sociedade em geral. Somos bastante submissos aos pais, mesmo que de uma forma inconsciente, pois conscientemente tendemos a agir por nosso próprio arbítrio. Também somos bastante submissos às normas sociais. Isso devido ao poder do superego em todos nós. Mas se nos conscientizarmos desses fatos, podemos não ser enganados em alguns aspectos. Certamente não podemos contrariar as leis e normas sociais, porém, quanto ao que não for adequado e que não seja uma obrigação social, não precisamos ser condescendentes. Há muitas atitudes sociais que não são adequadas no que se refere ao tratamento dado a animais e seres humanos, por exemplo. Devemos dar preferência ao ser humano sempre. Não é que devemos menosprezar os animais, mas deveríamos ser bem mais solidários com o ser humano. Há, porém, leis e até normas que não podemos menosprezar, do contrário é pior para quem assim procede, mas não é preciso tudo seguir, quando se podem tomar melhores atitudes.

O Id também é bastante influente em nós. Tendemos a agir em algumas situações de uma forma infantil. Isso não é sempre assim, pois pode variar para cada pessoa. Mas todos somos influenciados pelo Id. Em alguns essa influência é bem característica; eles agem como uma criança, apenas adaptando seu comportamento ao adulto. São aqueles que só querem satisfazer o prazer do momento, sem pensar no futuro. Se ganharem muito dinheiro, gastam logo, como uma criança que só quer viver seu presente. Isso é em parte uma condição estrutural (pois há pessoas que, de natureza própria, são despreocupadas com o futuro), também se relaciona ao meio familiar, devido à falta de instrução dos pais, além de outros possíveis fatores, mas é uma condição que pode ser melhorada com o melhor entendimento das situações da vida, pela pessoa que age como criança em diversas situações. Por outro lado, há pessoas bastante controladas, devido à sua própria condição endógena.

O Id está presente em todos os indivíduos, em todas as fases, portanto, não se refere apenas à fase infantil. Todavia, no adulto tende a ser menos influente, se o adulto for um indivíduo mais desenvolvido intelectualmente, ou se ele por si próprio tomar atitudes de adulto. Mas se o Id for bem atuante em alguns adultos, isso pode gerar comportamentos infantis no adulto, mesmo de uma forma disfarçada, pois a pessoa pode adaptar o comportamento infantil para fingir ser um adulto de fato.

O ego (basicamente a consciência) é o que vai equilibrar as tendências do Id (desejo, vontade). O ego relaciona-se mais à consciência pessoal; se o indivíduo melhor se conhecer e elevar seu nível de conhecimento, terá melhor condição de autocontrole e de ação, em diversas situações. Embora possa falhar, terá mais chances de acertos.

A Psicologia pode explicar muito do comportamento humano adquirido e o que é mais fixo também, embora isso seja mais difícil, ela tem condição de conhecer essa parte. A fase de infância é bem marcante no sentido psicológico. As psicopatologias têm relação com a infância. Podem ser agravadas por alguma anomalia física ou mesmo algum distúrbio físico, também experiências amargas em algumas ocasiões, além de outras possíveis causas.

Mesmo quem age de uma forma muito consciente pode apresentar alguns desajustes, pois é preciso um equilíbrio entre o consciente e o inconsciente. A pessoa muito racional pode não ser uma pessoa afetuosa. Em alguns casos, ela pode ser muito preocupada, além de outras tendências. Mas pode se equilibrar não ocupando sua mente em demasia, sem ter excesso de trabalho. Estudar em excesso também pode influir negativamente.

Agimos por impulsos, que são atitudes inconscientes. Também podemos agir conscientemente, mas equivocadamente, em algumas situações. Por essas razões, devemos reconhecer nossas falhas, para que possamos ter mais compreensão de outras pessoas e também que nós próprios não tenhamos ressentimentos até contra nós mesmos.

Os complexos psicológicos, normalmente, geram atitudes muito inconscientes. É até comum meninas terem realmente ciúmes do pai com relação à sua própria mãe, o que pode ser, em alguns casos, bastante exacerbado. Meninos também ter ciúmes do pai; essas atitudes são inconscientes, pois a origem do referido complexo é inconsciente. Mas isso pode ser também sublimado, em alguns casos, de meninas que têm grande admiração pelo professor, bem mais velhos, como substituindo o pai, embora isso possa ter outras conotações próprias de cada um também.

Os diversos tipos de neurose, e até mesmo psicose, e suas origens são causados por problemas inconscientes, normalmente, porém pode haver causas orgânicas e outras envolvidas.

A questão inconsciente em geral é de suma importância para o psicólogo, é o maior objeto de estudo. Mesmo o que se refere ao consciente também tem sua importância. Mas não é apenas isso, há vários outros fatores influentes, que são tratados neste trabalho.

CAPÍTULO 11

As influências sociais

Estamos tão acostumados a viver com as normas e costumes sociais que achamos tudo normal. Mas muitos costumes sociais influem no comportamento individual, em algumas situações, de forma negativa. Vivemos em uma sociedade com diversas normas e não podemos contrariar o que existe, mas há algumas inadequações sociais que, com o tempo, podem ser modificadas, com a participação da ciência. A Psicologia e a Sociologia poderiam ser mais aproveitadas pela imprensa e por palestras em escolas e outras instituições, também outras ciências poderiam dar suas contribuições. Isso pode ter um impacto positivo com relação ao aprimoramento na cultura social.

Somos influenciados por uma cultura sexual que pode ajudar a gerar anomalias psíquicas. Sigmund Freud enfatizou muito sobre a libido, que não é apenas energia sexual, envolve também a parte oral, além da região dos seios. O desenvolvimento da libido pode gerar algumas anomalias, pois nossa educação sexual é demasiadamente arcaica. Apesar da tendência de mudança com o tempo, a questão do sexo é ainda um assunto que gera vergonha e até algum mal-estar, quando comentado pelas pessoas, mas é um fato normal da vida e não deveria ser tratado com tanto tabu pela nossa sociedade. Embora deva realmente haver algumas normas, porém com a participação da ciência. As anomalias sexuais, como fetiches sexuais e outros, podem provir de fases infantis e de uma educação sexual sem uma base apropriada. Nas sociedades tribais em que não há tanto tabu sexual, não há tanta anomalia sexual, pelo menos no que tenho conhecimento, pois há poucas informações a respeito.

Mas um fato é certo, o progresso em qualquer sentido depende de uma boa educação e normas mais adequadas às situações. Nossa sociedade criou tantos tabus sexuais que geraram diversas anomalias que influem na parte psicológica.

Embora o grande cientista Freud tenha enfatizado demais a teoria libidinal em relação às psicopatologias, e ele pode ter realmente razão, há certo exagero em alguns aspectos, porém essa teoria pode realmente em alguns casos ter grandes influências, no que se refere a sexo principalmente. Realmente são diversas as anomalias. Aquelas diretamente relacionadas ao sexo, como fetiches, também ataques sexuais e outros desvios certamente provêm da questão do desenvolvimento sexual. Mas até mesmo com relação aos diversos tipos de neurose há realmente algumas relações. A questão da sublimação é real, que se relaciona ao sexo. As repressões sexuais podem gerar a não espontaneidade de se falar sobre o assunto e nem mesmo ser espontâneo com o próprio corpo. O adolescente pode tentar deslocar a sua libido para outras partes do corpo. Isso explica os fetiches, inclusive de adultos. Há vários tipos de neurose que realmente têm relação com a questão do sexo. Isso é, em grande parte, devido a padrões sociais, relativos à parte sexual a que estamos acostumados, principalmente devido ao tabu sexual.

Pela influência da repressão sexual, o indivíduo pode em algumas situações ficar ruborizado, devido à sublimação. Por exemplo, quando é solicitado a falar em público, além de diversas outras situações em que ocorre essa ruborização, isso pode ter relação com a sublimação. Mas o indivíduo não deve se preocupar com isso, pois é comum em muitas pessoas. Embora muitos o critiquem por causa disso, não é motivo de preocupação, nem de se sentir inferior, ou mesmo qualquer outro sentimento que deixe o indivíduo intranquilo por dentro. As pessoas não aceitam os outros como são, há críticas também nesse caso, quando o rosto da pessoa fica vermelho, em algumas situações, à vista de outros. Mas se o indivíduo não se importar com isso, pois é até comum, não vai se sentir emocionalmente perturbado. A pessoa deve se aceitar como é, para que possa estar bem consigo próprio, sem medo de críticas.

Até dizem que a sublimação pode ser um fato positivo, pois pode fazer com que o indivíduo faça belas pinturas, escreva belas poesias, por exemplo. Mas isso pode ser natural de alguns indivíduos, pois uma simples sublimação não vai gerar dons no indivíduo. Mesmo que tenha alguma relação, pois pode realmente ser um incentivo ao adolescente ou ao indivíduo em qualquer fase, desenvolver seus dons, no geral a sublimação não tem grandes vantagens nem tanta influência positiva.

Nas fases de desenvolvimento infantil, a questão do sexo é realmente muito importante, pois existe realmente essa relação. A questão referente ao complexo de Édipo é real. Isso pode ter consequências na vida adulta. A menina tem realmente ciúme do pai com relação à mãe, há alguns casos em que, mesmo depois que a menina cresce e se torna adulta, ainda poderá ter esses sentimentos de ciúme da mãe com relação ao pai, podendo ter até um relacionamento bem confuso com a mãe. Pode haver outras consequências, como alguns desvios sexuais, que podem se relacionar a essa fase, ou com outros aspectos libidinais, dependendo do indivíduo, mas é um fato que há relação.

Sigmund Freud, apesar de ter sido um dos maiores expoentes da área do comportamento, em algumas partes pode ter cometido um equívoco, pois realmente enfatizou demais a questão sexual, que é realmente de grande influência, mas há certo exagero. São várias as questões que podem influir em casos de neurose, psicose e qualquer desvio comportamental.

Não podemos atribuir todos os conhecimentos somente a um indivíduo, mesmo um grande cientista, como se ele fosse um ser onisciente, apesar de todas suas virtudes, como no caso de Freud. As teorias a que Freud se refere já existiam quase todas antes dele, mas ele aperfeiçoou algumas e aproveitou outras, de várias áreas do conhecimento, em seus estudos. As teorias sobre consciente e inconsciente, por exemplo, já pertenciam ao conhecimento oriental, o mesmo ocorre com as teorias sobre a libido. A teoria referente ao complexo de Édipo provém da Mitologia. Há outras que ele também aproveitou, que já existiam. Apenas um cientista, por melhor que seja, não inventa tanto quanto se possa pensar, ele pode também cometer alguns enganos. A prova de que se enganou, em alguns casos, é que ele mesmo desistiu de algumas ideias próprias, depois de muito refletir sobre elas. Se não tivesse desistido dessas ideias, estariam falando a respeito delas, sem nenhuma contestação, até hoje. Um exemplo é que chegou a afirmar que a questão da retenção das fezes, por alguns instantes, para depois soltá-las, característica principalmente da fase anal, pode gerar indivíduos que tenham propensão a reterem muito o dinheiro para si próprios, mas, pelo que fui informado, esta é uma de suas ideias de que desistiu. Há também outras teorias próprias de que Freud desistiu depois. Essa questão do dinheiro relaciona-se muito com a própria tendência pessoal (que não se refere ao desenvolvimento psicológico basicamente), também isso tem muita relação a questões sociais, da sociedade capitalista, que incentiva o indivíduo a obter muitas posses e bens, devido a propagandas, ao próprio capitalismo e tudo mais. Até nesse aspecto Freud teve grande virtude, de reconhecer sua falha. De qualquer forma, as teorias não são todas próprias dele, pois aperfeiçoou algumas. Sem dúvida que fez um trabalho majestoso, mas não se pode atribuir a apenas uma pessoa atributos como ela se fosse uma divindade.

Do que vários cientistas propuseram já existiam teorias a respeito. O que Jung, outro grande teórico da área comportamental, também falava sobre a questão comportamental faz parte dos conhecimentos orientais, até bem antigos. Qualquer outro cientista, de qualquer área, também aproveitou vários conhecimentos anteriores. Por essas razões, não devemos confiar totalmente em teorias, a não ser as que são totalmente comprovadas. Nas áreas das ciências exatas, como a Matemática, realmente não há como contestar suas fórmulas, porém na área comportamental há variações.

A educação sexual em nosso meio é marcada por diversos tabus e pode ter consequências com relação a diversos tipos de neurose e até psicose, isso é um fato, mas há muitas outras condições envolvidas. Porém há casos que têm influências realmente. Outro exemplo da influência sexual é o caso da histeria, por exemplo, pois há bastante relação com aspectos referentes ao sexo feminino. Isso pode se relacionar com a repressão sexual e outros fatores, que podem ter relações também com a própria condição endógena do indivíduo. Na histeria há bastante fingimento para que a pessoa possa ter algum proveito disso, também exagero de expressões, algumas dramatizações, como em peças de teatro, em situações normais da vida. Os estudiosos do assunto relacionam realmente o comportamento feminino com a histeria, mas pode variar para cada pessoa, depende sempre do indivíduo. As ações femininas são bastante características da histeria (não de todas as pessoas de sexo feminino), embora não sejam também exclusivas das mulheres, pois pode haver alguns homens que possuem características histéricas.

A histeria pode ter relações com aspectos sociais, do feminismo, mas pode ter também relações com a questão particular da mulher, pois os estudiosos relacionam o útero de mulheres que não têm filhos com a histeria. Há ainda diversas outras teorias que se relacionam também a outros aspectos físicos.

O tabu sexual é em nossa sociedade muito expressivo. As normas sociais são rígidas. Alguns querem mudanças repentinas, mas não há como se fazer tudo rapidamente. É preciso que as ciências, gradativamente, participem mais para mudar algumas normas sociais, principalmente as que constituem tabus sexuais. Isso poderia ser falado nas escolas e até mesmo na imprensa, pois o que já se diz é insuficiente.

Há realmente muita contribuição negativa da nossa sociedade sobre as pessoas, visto que a organização social não permite uma melhor estruturação psicológica. Sendo o sexo uma questão de tanto tabu em nosso meio social, isso tem consequências negativas.

Se formos também relacionar a nossa sociedade a outros aspectos, com possíveis transtornos psíquicos, pode realmente ter várias razões. Em nossa sociedade, os pais têm muito controle sobre os filhos. Querem impor, em demasia, normas próprias para os filhos. Também o sexo é tabu em família e de uma forma quase total em nosso meio social.

Os pais tentam colocar suas ideias nos filhos e, muitas vezes, querem quase forçar os filhos a serem convertidos à sua religião, o que acontece principalmente entre os cristãos protestantes.

A questão do ideal do ego, que é um termo da teoria psicanalítica, é também de muita importância. Esse ideal é formado pela influência do superego, que o indivíduo adquire, devido aos pais. A essas ideias, tabus, preconceitos, religiões e outros atributos, o indivíduo adere e não contesta, muitas vezes. Isso é comum até antes da adolescência e pode ser disfarçado depois dela, mas ainda continua em todo o decorrer da vida das pessoas. Porém esse ideal do ego pode gerar em alguns indivíduos certa revolta com os pais, pois pode a parte consciente (ego) também entrar em ação – a parte do superego é inconsciente. Quando o indivíduo pensa e reflete sobre o assunto, entra a parte consciente e pode-se gerar conflito. Em alguns casos, pode ocorrer também complexo de culpa por não se estar dentro das normas, padrões e pensamentos parentais. Pode-se também disfarçar muito aos pais suas maneiras de comportar.

Nas sociedades tribais (sociedade indígena, aborígene e outras), as crianças não têm o acompanhamento só dos pais, vivem sempre em comunidade, não são apenas os pais que ficam sempre com os filhos pequenos, então essas questões referentes ao ideal do ego, e outras questões, não são tão consistentes como em nossa sociedade. Além do mais, é uma sociedade simples, que não tem tantas normas, apesar de terem também suas normas e leis. Pode haver alguns desajustes psicológicos, mas não creio que sejam como em nosso meio social. Não há muito estudo a respeito, porém, do que já pude perceber por contato direto com alguns integrantes de tribos indígenas, não há tanto desajuste psíquico. Também em documentários de televisão não se percebem essas anomalias, pelo menos de uma forma evidente. No entanto, em nossa visão, o que consideramos desvio de comportamento para eles pode ser normal. De todo modo, um fato me parece bem certo: não há tantas anormalidades de comportamento nas sociedades tribais. Além de tudo, não há roubos, pois não existe dono de nada nas tribos indígenas. Não existe disputa de religiões, pois há mais politeísmo; embora muitas tribos já tenham aderido ao Cristianismo, essa ainda não é uma adesão significativa. Nossa sociedade é complexa e pode gerar muitos desajustes comportamentais.

Sei, porém, que o progresso tem um custo alto. As diferenças sociais em nosso meio são demasiadas. Mas, sem um acúmulo financeiro de alguns, não há como ter um verdadeiro progresso, a realidade é essa. Embora eu pense que isso poderia ser bem mais controlado, é fato que o progresso necessita de diferenças de classes sociais. As famílias são constituídas, em nosso meio, apenas pelos integrantes de uma casa. Até isso é uma forma de progresso, embora não seja ideal. Nas aldeias de sociedades tribais, por sua vez, várias famílias moram em uma maloca e ninguém fica sem uma moradia, elas não têm propriedade particular; o esforço para isso é de todos, pelo trabalho coletivo na construção da moradia, sem ganho financeiro. Isso já é uma diferenciação de nossa sociedade, em que a família é responsável por seu próprio sustento e moradia. Além disso, nas sociedades tribais, todos participam dos mesmos tipos de trabalho, assim não há possibilidade realmente de alguns serem cientistas, outros professores, ou trabalhadores especialistas, em diversas áreas. Não há progresso, pois, nas sociedades tribais. Porém deveríamos assimilar alguns exemplos do modo de vida deles para que possamos melhorar a nossa condição social. Eles, por sua vez, também podem ter como exemplo nosso progresso científico e tecnológico, o que já acontece, mas há o perigo de serem extintas as sociedades tribais e cada vez mais as cidades ficarem cheias de gente e de conflitos.

Não sou contra o fato de todos participarem de tudo, pelo contrário, inclusive penso que, em nossa sociedade, deveria haver um grande esforço para que ninguém ficasse sem o que é básico e essencial ao ser humano, como moradia, alimentação, vestimenta. O esforço existente nesse sentido é insuficiente. De qualquer forma, na realidade, o progresso científico, tecnológico e industrial só acontece com diferenças entre classes sociais. Mas, em termos sociais, somos bastante inferiores à sociedade tribal; poderíamos mesmo assimilar alguns exemplos deles para nosso maior aprimoramento social.

Até mesmo na parte social as sociedades tribais também têm suas inadequações. Um exemplo é que, em algumas tribos, quando no início da adolescência, a pessoa fica reclusa dentro da maloca por longo tempo, sem poder sair. Isso sem falar de outras regras que eles têm e que não levam a nenhum aprimoramento pessoal, nem social. Mas, em geral, as tribos têm um nível social bem melhor que o nosso. E isso não é por esforço deles, é uma condição de vida, que não foge muito do modo de vida peculiar deles.

Há muita relação social que influi na questão psicológica, mas há também outras questões que são gerais. Além disso, pode haver uma combinação de fatores que influem, por isso é difícil até de se entender certos casos.

Com relação à neurose e até mesmo à psicose, essas podem realmente estar relacionadas à questão libidinal. A mania de perseguição (por exemplo) pode se relacionar à fase da amamentação (que também se relaciona, em parte, à libido). Na tenra infância, em que o indivíduo sente-se perseguido pelo seio materno, pois é uma relação em que a criança começa a se perceber como um ser finito e, em sua consciência ainda bem falha, pode ter a impressão do ataque do seio materno. Isso pode contribuir na questão da mania de perseguição, que é comum na paranoia, mas é apenas uma pequena tendência isolada, pois a paranoia é bem mais complexa. Nesse caso, é quase independente do meio social, pelo menos isso é o que dizem, pois as pesquisas a respeito não são suficientes no aspecto psicológico, com relação a distúrbios psíquicos nas sociedades tribais, mas pode ter razões em alguns aspectos, pois acontece com toda criança na fase de amamentação.

A má integração libidinal, das partes sexuais e também com relação à parte do seio, pode gerar alguns distúrbios relacionados à fase infantil, no futuro. Pode estar ligado a outras questões também. Nos diversos tipos de neurose e psicose, o desequilíbrio emocional pode realmente ter alguma relação com o aspecto libidinal. Mas há também alguns outros possíveis fatos a serem considerados. Muitas pessoas podem, por razões ambientais, sociais e pessoais, terem algum desajuste no sentido emocional.

Não devemos ser radicais com relação a aspectos psicológicos. Muitos até tentam explicar alguns fatos, em que a Psicologia não tem relação quase alguma. Já ouvi pessoas dizerem que quem vê os chamados discos voadores tem grande tendência à alucinação, mas isso não é real. Também não é uma questão de ordem psicológica, e sim de quem pode comprovar esses fatos. Há muitas fotos e filmes dessas naves espaciais, quem pode comprovar a veracidade disso são os técnicos em filmagem, ou outras pessoas que lidam diretamente com o assunto. Embora possa haver pessoas que, de tanto pensarem nisso, podem, ao ver uma nuvem no céu, em forma de nave espacial, pensar que é um disco voador e dizerem que viram uma nave extraterrestre. Isso pode acontecer, o que não se deve é negar um fato, apenas por uma possível situação que pode eventualmente envolver questões de ordem psicológica, como nesse caso, que é apenas uma falha de percepção. Isso é muito peculiar de quem quer negar um fato, com argumentos não muito consistentes.

Até mesmo na ciência há muito radicalismo. Alguns sociólogos também tentam explicar alguns fatos, com suas teorias sociológicas, que podem ser válidas em alguns aspectos, mas em outros podem não ser. Até mesmo biólogos, médicos e outros às vezes querem ser radicais em suas áreas, explicando diversos fatos baseados apenas em teorias que conhecem de sua área, mas podem não estar bem relacionadas a um caso específico.

Outra questão social que muito afeta no comportamento individual é que as pessoas não têm a consideração que deveriam ter, em qualquer situação de interação. O indivíduo que comete um delito é condenado pela justiça e logo é chamado de bandido, mas esquecem que ele pode não ter tido uma boa oportunidade na vida, nem uma boa educação familiar. Mas se uma pessoa que tem muito prestígio e dinheiro comete algum delito, não é chamada de bandida e a punição a esta não é a mesma. O tratamento em geral é bem diferenciado para os dois casos, o que gera revolta e conflitos pessoais e até de classes sociais. Necessitamos também de uma sociedade mais justa, em termos sociais, e mais solidária também.

Há muitas outras questões sociais que poderiam ser mais observadas pela Sociologia e Psicologia, principalmente. É também necessário que haja maior participação dessas e de outras ciências, para melhorar o nível social. As pessoas não são aceitas como são, como as pessoas obesas, que são criticadas a ponto de até abandonarem seus estudos, além de preconceitos diversos, em outras situações. Até mesmo estatura, de alguém que se diferencia de outros, pode ser muito criticado por isto, além de outras críticas, por fatos insignificantes. Mesmo que seja um fato de mais consistência, não se justificam essas discriminações. Mas não se faz uma prevenção nem uma admoestação para tentar inibir esses tipos de comportamentos, principalmente nas escolas, em que deveriam ser feitos esses trabalhos de conscientização e de admoestação.

Roubos são tão comuns em nossa sociedade que quase não há como contê-los. Ocorrem, em parte, devido à revolta social e também ao desnível social. Deveria haver bem mais solidariedade em nosso meio, mas não de uma forma individual, mas social, com mais entidades sociais, para ajudar mais as pessoas necessitadas e com ajuda de quem pode fornecê-las, como os grandes empresários, deveria haver maior incentivo neste sentido. Não é muito proveitoso ajudar uma pessoa que está sempre pedindo, mas sim às entidades sociais que podem ajudar em vários sentidos, inclusive dando cursos profissionalizantes para quem não pode pagar, e maior assistência social, o que já existe em nosso meio social, mas é preciso maior apoio a estas entidades. Embora nada seja tão simples como se possa pensar, pois isso também depende de bastante recurso financeiro, há muito a ser feito para a melhoria social e psicológica, pois a questão social influi em demasia na condição psicológica, e no geral.

A questão do superego é bastante evidente com relação ao aspecto social, referindo-se diretamente a essa questão, além das influências diretas dos pais. Tendemos a ser muito submissos às normas sociais e realmente devemos ser. Mas há muitas inadequações sociais e até pessoais. As pessoas tendem a ter o pai como um modelo de vida. Inconscientemente adotam o que o pai fala (pela influência do superego); se não tem consciência de um fato, normalmente seguem o que o pai lhes fala. Também com relação às normas sociais, somos bastante submissos e muitas vezes não há razões, embora não possamos fugir muito, nem mesmo das normas sociais (que também constituem o superego). Porém algumas normas são bastante inadequadas. A Psicologia e a Sociologia poderiam ajudar bastante na mudança social, num sentido positivo, além de outras áreas científicas, que também podem contribuir.

Poderia haver maior incentivo às pessoas a doarem o que está em desuso para instituições de auxílio social, precisamos de muito mais solidariedade, para que possa haver mais paz social e até uma individualidade mais sadia em termos psicológicos. Algumas pessoas preferem tratar de animais e até menosprezam pessoas pobres. Tudo isso poderia ser mais exposto às pessoas, primeiramente porque o ser humano deveria ter sempre preferência, sem precisar também menosprezar os animais. O ser humano, se bem preparado, pode ser bem mais útil aos outros, bem mais que qualquer animal. Há muito ainda que precisa ser feito para que haja maior progresso social e individual. O menosprezo ao ser humano pobre pode causar revolta pessoal e até social.

Tipos sociais

Há alguns tipos de sociedade humana. São três tipos que considero principais: a sociedade tribal, a sociedade rural e a sociedade urbana. Vejamos alguns exemplos de cada uma.

Na sociedade tribal, por exemplo, há muito mais solidariedade entre as pessoas, menos repressão sexual, não há grandes disputas, consequentemente são pessoas mais sadias psicologicamente, apesar de não terem progresso, porém poderíamos buscar um aprimoramento social com o exemplo deles, no que pudermos fazer. Já a sociedade rural é integrada à urbana, mas tende a existir mais solidariedade entre seus membros; embora faça parte da sociedade capitalista e haja algumas disputas, a comunidade rural tende a ser mais sadia psicologicamente e até mesmo fisicamente, por estar mais integrada à natureza. Atualmente as comunidades rurais são bem mais escassas, pois as pessoas estão imigrando cada vez mais para as cidades, ficando estas muito povoadas, gerando mais conflitos e problemas em geral. Há também a necessidade de melhor distribuição das pessoas no espaço da Terra. Porém não é uma situação fácil de ser resolvida, mas deveria haver mais ação política e empresarial para que existisse melhora nesse aspecto.

A nossa sociedade urbana, principalmente nas grandes cidades, é bastante conflituosa, com grandes problemas sociais e psicológicos. Realmente o progresso tem um custo bem oneroso, mas é preciso que também tenhamos exemplos de outros tipos sociais para nosso próprio benefício. O único meio social em que há guerra e conflitos armados e vários tipos de disputa entre pessoas é a nossa sociedade capitalista. Isso não ocorre normalmente nas sociedades tribais, apesar de poder haver também, mas em proporções bem menores. Até nas sociedades animais quase não ocorrem conflitos de grupos de uma mesma espécie, embora haja também, eles são bem mais solidários entre si. Somente a sociedade humana capitalista não tem o sentido da solidariedade.

A nossa sociedade capitalista é tão repressiva que tem cadeias para prenderem as pessoas, como uma forma mais de vingança contra os que cometeram algum delito do que por qualquer outro propósito. Em meu modo de pensar, as cidades estão cada vez mais lotadas de pessoas, que nem sempre vivem de acordo com as normas e leis sociais. Isso realmente não é possível numa sociedade organizada, com pessoas de todas as tendências. Assim, se o indivíduo não se adapta à sociedade urbana, não deveria fazer parte dela, mas não ser preso, em uma cadeia, embora deva haver mesmo punição, senão não haveria uma sociedade organizada. No entanto, há muita injustiça e erros nesse sentido. Esses indivíduos que cometeram algum tipo de delito poderiam ser transferidos a outro meio social, como pequenas comunidades rurais, cidades menores, ou a algum lugar em que se adaptassem melhor. Obviamente, nada disso é tão fácil como possa parecer, pois depende também de muita verba, e o governo não tem condição de arcar. Porém, se se constroem cadeias, poderia se usar essa verba, pelo menos em parte, para fazer com que o indivíduo pudesse ser deslocado a outra sociedade que o acolhesse melhor, com uma melhor condição para ele. Embora na teoria seja tudo simples, na realidade não o é. Esses indivíduos transferidos a outro meio social poderiam voltar depois e causar os mesmos problemas. De qualquer modo, nunca houve uma tentativa de melhorar a condição de vida e promover melhor distribuição geográfica das pessoas.

Esse acúmulo de pessoas em cidades é relativamente recente; veio com a era da Revolução Industrial principalmente. Nos países mais desenvolvidos, já existia esse referido acúmulo, mas atualmente é geral e bem maior. Não há um controle da migração de pessoas para as cidades, principalmente nas grandes cidades. Isso poderia ser bem mais controlado, pois tem gerado grandes conflitos. Pode-se dizer que há também outro tipo de vida social atualmente, que é o das favelas das grandes e até das pequenas cidades. São os locais em que há mais conflitos sociais e problemas diversos, pessoais e sociais, em grande escala. Eles têm suas próprias regras, que nem sempre estão de acordo com as leis do país. É preciso, pois, estudos mais diversificados sobre o assunto. Também uma ação para tentar distribuir melhor a população no espaço geográfico.

A influência dos meios sociais é bem expressiva, pois a aglomeração de pessoas em cidades tem gerado grandes problemas sociais e individuais, o que influi na parte comportamental também.

A sociedade e as psicopatologias

Há um tipo de psicopatologia que se relaciona muito à sociedade urbana: a chamada psicopatia ou sociopatia, que já foi tratada em capítulo anterior, mas é bem útil que seja descrita mais uma vez, devido à grande influência social nessa anomalia comportamental. Nesse caso, os indivíduos são bastante egoístas, não têm o sentido da solidariedade. Não têm empatia com as outras pessoas. Não se importam com o sofrimento alheio, pelo contrário, parecem até se satisfazerem quando notam que alguém está sofrendo. Enfim, não têm o sentido da solidariedade e nem do afeto com o semelhante. São características pessoais, mas a sociedade capitalista também induz esse tipo de anomalia psíquica, pois vivemos em uma sociedade que não tem o sentido da solidariedade. Poucas pessoas se sensibilizam quando veem alguém desamparado na rua, sem lugar para morar e sem condição digna de vida. Muitos preferem tratar de animais a ajudar uma instituição social, que tem por finalidade a assistência individual. Em uma sociedade tribal, ao que tudo indica, não deve existir nenhum psicopata, a não ser alguém de alguma tribo que adere parcialmente à sociedade capitalista. Em sociedades tribais de fato, a solidariedade é uma praxe e não há como fugir disso. Não há muitas disputas sociais, pois não se lida com dinheiro. O progresso, por sua vez, realmente tem um custo que pode levar a desagregações sociais e outros entraves sociais, mas podemos tentar melhorar no que for possível. Na psicopatia, também o indivíduo é normal intelectualmente, apenas em termos afetivos é que se difere bastante, de uma forma bem negativa.

Repressões sociais

Nossa sociedade possui um costume bastante pernicioso, que é o de não respeitar a criança e o adolescente, os quais são os que mais necessitam de ser respeitados. A criança normalmente é bastante reprimida por pessoas mais velhas, devido ao fato de se respeitar os mais velhos. Isso é um verdadeiro engano, pois o respeito deve ser com todos, mas principalmente com as crianças e adolescentes. Dessa forma, há muito adolescente bastante reprimido, pois, quando criança, não foi respeitado e mesmo na adolescência não é respeitado, sendo normalmente vítima de maus tratos. As opiniões dos adolescentes nem sequer são ouvidas, muitas vezes, pelos adultos. Há muita necessidade de mudanças sociais, pois isso pode gerar algumas anomalias psíquicas, não no sentido de grandes anormalidades, pois não depende somente dessa questão. Porém, também há bastante repercussão negativa com relação às questões de ordem social.

A criança tende a comportar-se de uma forma não polida. Grita demais, briga com companheiros e deve ser corrigida nesses momentos. Mas o respeito deve haver principalmente com as crianças, pois, do contrário, elas podem ter muitos traumas e desenvolver algum tipo de neurose quando adultas. Elas são o futuro da sociedade e, se não tiverem a devida consideração, quando adultas, poderão ser indivíduos desequilibrados em termos sociais e pessoais. Isso é um fato em nossa sociedade.

Em escolas onde há uma grande quantidade de crianças bem pequenas, há muito barulho por parte delas, também não agem de uma forma adequada nas salas de aulas, mesmo em casa e em outros ambientes. Isso é prejudicial a todos, nesse caso, deve haver uma ação mais consistente para que não haja tais comportamentos. Mas sem agressividade física e verbal com essas crianças. Há alguns meios de tentar contornar as situações, tais como separar crianças mais agitadas das outras, nas escolas, por exemplo. A psicoterapia, com a terapia infantil, a ludoterapia, pode ser valorosa nesse sentido, além de outros trabalhos psicológicos. Muitos psicólogos formam-se e não há campo de trabalho para a maioria, mas poderiam ser aproveitados para trabalharem com crianças, nas escolas principalmente, além de outras funções. Muitos até querem trabalhar no ramo, mas não conseguem emprego. Seria, pois, mais uma maneira de dar condição de trabalho ao psicólogo, até mesmo ao sociólogo, os quais poderiam ser mais aproveitados, já que podem ser bastante úteis à sociedade. Outros profissionais poderiam também ser aproveitados, dependendo do caso.

Apesar de tudo, não podemos desejar uma sociedade perfeita, as dificuldades sempre existirão, mas pode haver bem mais progresso social, com a participação da ciência e conscientização de cada um de seu papel social e pessoal.

O Serviço Social tem sido útil no auxílio à Psicologia e também à Medicina, pois podem dar suporte aos trabalhos desses profissionais. O trabalho principal do Serviço Social é com relação à parte social, que é bem útil à Psicologia e à Medicina. Há também trabalhos próprios de ajuste social, além de outros.

CAPÍTULO 12

A nutrição

O indivíduo, mesmo tendo um estado de saúde normal, pode se desequilibrar energeticamente. Um dos fatores principais é a nutrição, a qual, se não houver um controle, pode gerar desequilíbrio energético. A nutrição envolve tudo o que faz parte do que o corpo necessita para sobreviver. Alimentos sólidos, líquidos e o ar. Até mesmo os raios solares são necessários para o nosso corpo. O que pode mais desequilibrar o indivíduo energeticamente é a alimentação. Quem não se alimenta de uma forma adequada pode vir a sofrer alguns desajustes físicos e até psíquicos.

Embora o ar seja de suma importância para nosso sustento e pode também gerar algumas desarmonias, pois vivemos em cidades que atualmente estão cada vez mais poluídas e isso também pode ser bastante prejudicial, a questão da alimentação é crucial. Se todos pudéssemos receber ar mais puro, teríamos mais saúde física e até isso poderia nos ajudar em termos psíquicos também. De todo modo, a alimentação do ser humano atualmente é bastante inadequada, o que pode prejudicar bastante, mesmo em termos psicológicos. Deveríamos usar pouca roupa, para que pudéssemos receber mais ar pelo corpo. Isso é de grande relevância, mesmo em ambientes de trabalho. Nossa sociedade é bastante inadequada inclusive nesse aspecto.

Algumas disciplinas orientais que praticam exercícios de respiração, aliados a exercícios físicos, como o Tai Chi, a Yoga, melhoram em muito a energia física, o que poderia ser um meio auxiliar à Psicologia e à Psiquiatria. Mesmo que os psicólogos não atuem naquelas disciplinas, podem pedir ajuda de profissionais delas.

Há noções fundamentais sobre *alimentação* que são úteis para todos, inclusive para auxiliar o tratamento psicológico e psiquiátrico. Um dos fatores principais a ser considerado é o teor energético dos alimentos, medido pelas calorias. Os que possuem grande quantidade de calorias, como massas, açúcar, óleos, carnes, entre outros, exigem bastante do sistema digestivo, pois são muito energéticos, consequentemente de mais difícil digestão. As pessoas que se alimentam em demasia desses alimentos tendem a ficar sem ânimo, dispersas (embora isso possa variar de pessoa a pessoa, há essas tendências). Devido ao fato de que o corpo trabalha em sincronia, a energia ficará muito concentrada na digestão, tornando as outras partes com certa deficiência energética, inclusive o raciocínio pode ficar mais confuso e até mais lento, tendo também influência na saúde física e psíquica.

Os alimentos que contêm muita fibra são uma força a mais para a digestão. Os alimentos que contêm mais fibras são os cereais, mas não devem ser consumidos normalmente, pois contêm alto teor de carboidrato. Brócolis, cenoura, maçã, pera, e outras frutas e legumes, são bem mais saudáveis, apesar de conterem bem menos fibras, mas pode ser acrescentado um pouco de fibra de menor teor de carboidrato, como do extrato de soja, ou mesmo arroz integral, e outros alimentos que contêm mais fibras, mas em quantidade bem pequena em relação ao que se consome. O consumo adequado de fibras faz com que o intestino funcione bem melhor, com benefícios gerais ao organismo. Legumes, verduras e frutas são bem mais saudáveis ao ser humano.

Os *carboidratos* em excesso são prejudiciais à saúde e estão contidos em quase todos os alimentos. Os que mais contêm carboidratos são: açúcar e cereais. Esses alimentos e os seus derivados (pães, bolos, macarrões) são de difícil digestão e devem ser consumidos o mínimo possível. Os cereais são: trigo, cevada, centeio, aveia, arroz, milho. Grande parte dos problemas de saúde física e psíquica estão relacionados a esses alimentos. Deve-se, portanto, evitá-los ou até mesmo retirá-los do consumo alimentar. Até a banana contém um nível de carboidrato (23g) um pouco elevado, mas não como os cereais que contêm mais de 60g de carboidrato. O açúcar contém 99g desse referido composto alimentar. O arroz cozido contém 28g. O feijão também contém nível alto, varia um pouco para cada tipo, mas é mais de 30g. Esses valores são relativos a 100 gramas de cada alimento. Há ainda outros, como lentilha, batata doce, etc., que também contêm um pouco mais que o teor ideal de carboidrato suportável.

Os cereais contêm glúten, *menos o arroz e milho*; alguns pesquisadores associam o glúten a vários distúrbios psíquicos, como a epilepsia, a demência, estresse e diversos distúrbios físicos, relacionados principalmente à doença celíaca. Dos cereais, o arroz e o milho são, portanto, os melhores. Assim mesmo devem ser consumidos em pouca quantidade. O arroz integral contém mais nutrientes, sendo, pois, mais recomendado, porém se for muito bem cozido. Os outros cereais, mesmo integrais, não devem fazer parte da alimentação das pessoas que têm alguma doença, pois podem até piorar os sintomas e ajudarem a produzir outras doenças. Há pessoas muito sensíveis ao glúten, mas ele deve ser evitado por todos, pois é prejudicial de qualquer forma.

Depende, porém, de cada indivíduo, mas é preciso prevenir bastante, não consumindo alimentos que contenham muito carboidrato, pois eles podem, com o tempo, causar diversos problemas. O teor de carboidrato suportado pelo organismo é em torno de 14 gramas, por 100 gramas, no geral de carboidrato.

Atualmente, na embalagem dos alimentos, está escrito o valor nutricional do alimento, mas alguns são relativos a 10 gramas, outros a 30g, outros a 50, ou 100 gramas, portanto, deve-se ter cuidado para não se confundir.

Muitos se alimentam de uma forma inapropriada. Além da questão energética dos alimentos, muitos comem e bebem ao mesmo tempo, o que também é bastante prejudicial. O excesso alimentar é outro fator que pode gerar alguns problemas físicos e psíquicos.

O desequilíbrio energético pode gerar vários distúrbios físicos e psíquicos; isso em grande parte pode ocorrer pela alimentação inadequada. Em casos psicopatológicos, pode dar impulso às crises, embora não seja esse o único fator. Se persistir o desequilíbrio causado pela alimentação inadequada, de uma forma constante, poderá gradativamente ir causando maiores problemas.

Um distúrbio psíquico chamado Distúrbio Bipolar, que era chamado anteriormente Psicose Maníaco-Depressiva, é bastante característico desse desequilíbrio energético. Os indivíduos que apresentam esse distúrbio têm duas fases: a de mania (euforia), depois a de depressão. Isso envolve em demasia o desequilíbrio energético físico. Na fase de euforia, o indivíduo fala bem alto, ri em demasia (despendendo muita energia), em consequência vem depois a fase da falta de energia (depressão). Esse referido desajuste psíquico é uma característica de ordem pessoal, devido à própria estrutura psicofísica, porém tem grande influência do sistema alimentar, pois é um fator que muito influi na questão da variação da energia física.

A alimentação é, pois, de grande relevância no Distúrbio Bipolar. Os alimentos mais energéticos (que têm maior teor calórico) geram muita energia no indivíduo, mas ela é passageira, pois, se o indivíduo tiver um grande pico de energia, tende a decair depois, o que caracteriza bastante esse referido distúrbio, que é uma variação de energia. Mas há também questões de ordem pessoal, como a própria constituição física e psíquica, além de outras possíveis influências (como hereditariedade). Portanto, principalmente nesse caso, deve haver uma alimentação bem adequada ao indivíduo, não ingerindo alimentos muito energéticos, como os que contêm muito óleo, massa, açúcar, carnes, por exemplo. Também não exagerar na alimentação. Evitar comer e beber ao mesmo tempo. Além de outros cuidados que podem ter relação com o próprio indivíduo, como alergia alimentar. Isso tem grande influência na saúde, pois pode também gerar desequilíbrios de ordem física e psíquica em geral. Muitos pensam que o controle de calorias é apenas para regime de emagrecimento, mas influi muito na saúde física e psíquica.

Transtorno de aprendizagem. Podem, em alguns casos, os transtornos de aprendizagem estar ligados com a questão neuronal, ou outro transtorno físico que dificulta o aprendizado. Mas podem alguns casos ser quase tão somente por desequilíbrio energético, causado pela má alimentação e outros fatores, como falta de exercícios. Além de outros possíveis problemas, como métodos falhos de aprendizagem e dificuldades emocionais. Em muitos casos, a mudança na alimentação do indivíduo pode melhorar bastante sua condição de aprendizagem. Isso é um fato. Evitar comer em demasia, não comer e beber ao mesmo tempo, evitar alimentos muito energéticos (com alto teor calórico, principalmente os que contêm muito carboidrato e também os que contêm muito óleo), tudo isso muito contribui para o equilíbrio energético, o que pode melhorar a condição de aprendizagem.

Há dificuldades normais de algumas pessoas. Há também os que têm facilidade em aprender. Outros se esquecem facilmente do que aprenderam, mas no momento que estudam gravam bem e conseguem até sucesso nos estudos, além de outras dificuldades normais de alguns. Portanto, isso é variável também. A atenção às aulas, com esforço consciente, sem tensão, facilita bastante, porém, se o estudante depois revê o que foi estudado, terá bem mais condição de aprender as lições.

A Pedagogia pode ajudar bastante o indivíduo a melhorar sua condição de aprendizagem.

Qualquer transtorno, ou distúrbio psíquico, pode ter relação com o sistema alimentar. É comum, em qualquer tipo de psicose e de crises neuróticas, a existência de falta de ânimo, desinteresse social, cansaço em excesso, que caracterizam o desequilíbrio energético. Não é apenas com a alimentação, que é o principal, mas com a nutrição em geral. O ar que respiramos é muito poluído, vivemos em ambientes fechados, de casas, escritórios, etc., que não têm boa circulação de ar. O ar de boa qualidade também pode ajudar no equilíbrio energético. Onde há maior fluxo de ar são nas montanhas, perto de florestas, de correntes de água. Porém, água de subsolo pode ser prejudicial. Em muitos lugares de algumas cidades, há água no subsolo, o que gera alguma radiação prejudicial à saúde. Em geral, o que mais causa a variação de energia do indivíduo é sua alimentação, se for inadequada.

A nutrição envolve vários aspectos. Até mesmo a luz do Sol também nos dá energia para a vida, desde que não haja muita exposição ao Sol. É preciso escolher horários com menos incidência dos raios solares, como na parte da manhã, até 10 horas aproximadamente. São, pois, vários os fatores que podem influir no desequilíbrio energético. Isso tem relação com as anomalias psíquicas. O principal para o equilíbrio é, sem dúvida nenhuma, o fator alimentar, sem deixar de considerar outras possíveis causas, que, em casos específicos, podem ter relações mais diretas.

O que pode ajudar a equilibrar a energia é realmente a boa alimentação. Também exercícios físicos, mas com supervisão de alguém que conhece do assunto, pois muitos exercícios que se fazem não têm o efeito esperado. O excesso de exercício e até alguns movimentos que não são feitos adequadamente podem causar algum problema físico, se forem feitos de uma forma mais brusca, ou de uma maneira que não corresponde a certos padrões. Por essas razões, deve haver acompanhamento de profissionais da área, até que o indivíduo possa fazer exercícios por si seguramente, se assim desejar. Muitas pessoas não fazem exercícios por conta própria, mas deveriam fazer, pois eles só trazem benefícios, desde que se saiba o que está fazendo. Alguns só fazem em academia de ginástica, o que já é favorável.

O álcool é um dos grandes propulsores de alguns tipos de psicose, embora não seja a causa única. Delírios acontecem muitas vezes devido a estados de embriaguez, também pensamentos desconexos e muitos outros sintomas que podem ser relacionados ao consumo de álcool. As drogas também podem gerar vários distúrbios, o tabagismo inclusive, que, apesar de permitido, pode ajudar a causar certas anomalias físicas e psíquicas. A alimentação inadequada é um fator que pode muito contribuir para o desajuste psíquico, o que pouco se fala. A alimentação para a maioria das pessoas é um vício, o que é prejudicial como qualquer vício, portanto, deve-se comer pouca quantidade, quando tiver fome, e com alimentos mais saudáveis, como frutas, legumes, verduras. Deve-se ter o cuidado para não se acrescentar óleo nos legumes e verduras, a não ser o mínimo que se puder. Também o excesso de sal é prejudicial.

Para uma alimentação que possa gerar mais energia equilibrada nos indivíduos, devem-se evitar alimentos com alto teor energético e os que têm muito óleo, alguns possuem grande quantidade de gordura saturada, o que é prejudicial à saúde. Os carboidratos são os piores compostos alimentares, que devem ser evitados ao máximo. Os óleos, mesmo os considerados mais saudáveis, contêm muita energia, que pode desequilibrar o nível energético do indivíduo, pois isso dificulta a digestão, com más consequências posteriores. Evitar também alimentos que têm muito colesterol, como os de origem animal. São apenas noções, mas são básicas e ajudam no controle da saúde. De todo modo, as dietas são pessoais, dependem de cada indivíduo. Para isso, um nutricionista é o mais indicado, porém ainda a nutrição é uma disciplina relativamente recente e nem mesmo há ainda total consenso sobre o que é melhor em termos de alimentação, embora haja muita pesquisa e boas conclusões. Assim, deve cada um saber também o que realmente funciona para si próprio, de uma forma experimental. O controle alimentar ajuda no ajuste de doenças físicas e até mesmo psíquicas.

Muitos dizem: de que então vou me alimentar? Não posso ter muito prazer na alimentação? Na verdade, é necessário certo sacrifício para se alimentar de uma forma mais adequada. É preferível ingerir alimentos que são mais apropriados ao ser humano, como frutas, também verduras e legumes, sem óleo, ou bem pouco. Não comer e beber ao mesmo tempo. Apenas água, se sentir sede, assim mesmo o mínimo que se puder. Tudo isso é favorável ao bem-estar físico e psíquico. O tempo com que nos alimentamos é pouco em relação ao dia e à noite. Se quisermos nos alimentar de uma forma não saudável, esses poucos momentos de prazer não compensarão os momentos de sofrimento, que são bem maiores. Pois se geram mesmo sofrimentos físicos e até desajustes psíquicos, se não nos alimentarmos bem.

Há também outros fatores que ajudam a equilibrar a energia física, prevenindo e até mesmo ajudando a tratar doenças físicas e mesmo psíquicas. Os exercícios de Yoga e de Tai Chi são muito apropriados, pois envolvem, além do exercício, a respiração. A Yoga envolve também meditação e diversos cuidados com a saúde física e psíquica. Porém não se resolvem as anomalias físicas e psíquicas somente com esses procedimentos.

A boa saúde psíquica e física depende bastante do indivíduo, é preciso que ele tome algumas iniciativas para o seu próprio benefício. Porém há também ajuda de profissionais; no caso da Psicologia, principalmente com a psicoterapia, na Psiquiatria com recursos médicos, além do serviço de outros profissionais, conforme o caso. O nutricionista pode ter uma grande participação na sociedade, para ajudar no controle e manutenção da saúde física e psíquica.

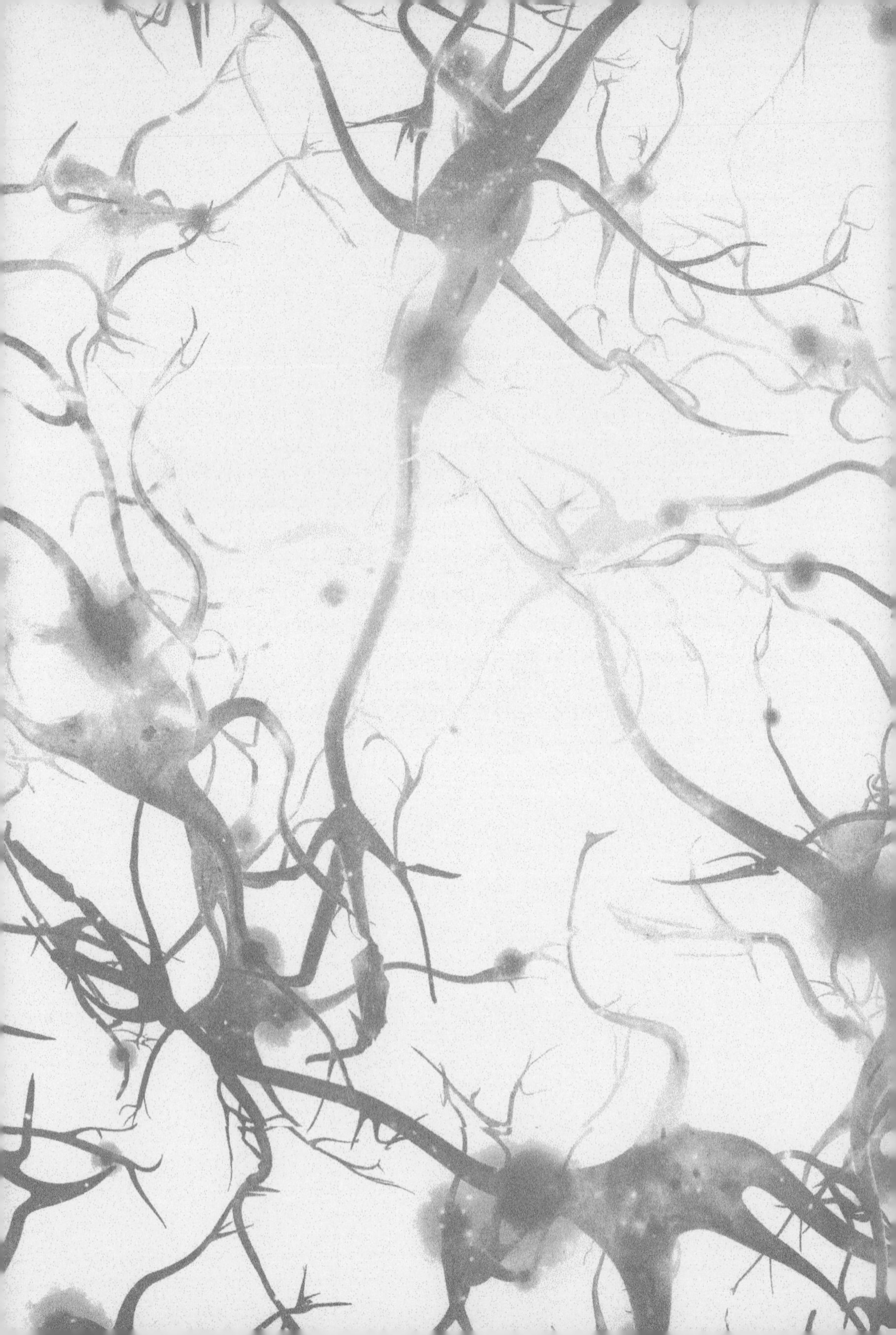

CAPÍTULO 13

A hereditariedade e o meio ambiente

A hereditariedade

A hereditariedade também pode exercer alguma influência na questão dos desajustes psíquicos, porém não é o principal fator, por tudo o que já pude perceber e pelos estudos a respeito. Há alguma lógica também referente à hereditariedade, mas o que tem mais influência é o próprio indivíduo, que é único. De qualquer forma, não se pode também deixar de considerar a questão da hereditariedade.

No aspecto físico é bastante notória a influência hereditária. Pode realmente ter alguma relação devido aos caracteres físicos, que são indicativos de alguns tipos de comportamento. Com relação à hereditariedade, os filhos podem receber influência de ambos os pais. Mesmo assim, pode ter algumas variações, pois altura, aspecto da face, do corpo podem se diferenciar com relação aos pais. Mas a hereditariedade é também uma possível influência. Cada indivíduo é único, em sua estrutura física e psíquica, porém certamente recebe as cargas genéticas dos pais e pode haver alguma relação também no que se refere ao comportamento e ações. Certos tipos de comportamento são peculiares a uma família; há certas famílias cujos filhos têm tendência a serem mais sociáveis, porém pode haver algumas exceções; outras, com pessoas com tendências à depressão, ou qualquer outro tipo de comportamento; há diferenças também entre os irmãos, algumas até bem acentuadas. Há diversos outros fatores que exercem influência no indivíduo, mesmo sendo de uma determinada família. Pelas observações pessoais, parece-me que as características herdadas são bem mais físicas do que psíquicas. No sentido de comportamento, não é uma influência muito marcante essa questão da hereditariedade, apenas uma possibilidade a mais.

As características físicas são, às vezes, diferentes das do pai ou da mãe. O rosto pode ter algumas diferenciações, também o corpo em geral. Sendo assim, podem existir essas variações relativas ao aspecto físico, que se relacionam ao comportamento. Mas pode haver muitas semelhanças também, o que pode aproximar mais ainda a semelhança de comportamento dos filhos com os pais. Há também a influência genética, que está presente em todo ser humano, não só nas aparências físicas. Porém, na parte comportamental, varia bastante, em qualquer situação, pois o que mais vale na questão comportamental é o que é próprio de cada um. Há também algumas influências da hereditariedade. Algumas estatísticas comprovam esse fato. No caso de gêmeos homozigotos, pode haver maior incidência de doenças físicas e até psíquicas semelhantes para os dois, em maior grau de relação. O comportamento em geral é também muito semelhante nos gêmeos.

Mas independente da hereditariedade, filhos de pais que têm alguma anomalia psíquica podem também imitar o pai. Isso é devido à influência do superego (que é a influência dos pais e do meio social no comportamento do indivíduo – neste caso, não referente à parte genética dos pais, e sim à parte psicológica). Mas é variável também, pois pode o pai ter uma determinada anomalia e a mãe não a possuir. Mas a imitação também pode existir, em relação ao filho de um pai que apresenta certa anomalia comportamental, ou mesmo da mãe, isso depende um pouco da maior identificação do filho com relação a um dos pais. Isso não é uma influência hereditária, mas sim da instância psíquica chamada superego, que todos nós possuímos, e também da identificação com um dos pais, nesse caso. Mas nem todas as pessoas imitam seus pais, no que se refere a alguma psicopatologia ou de qualquer comportamento normal. Mas a questão do superego é um motivo de ordem psicológica e que pode realmente exercer algum poder em todas as pessoas.

A imitação pode ser até de pessoas comuns, de quem o indivíduo muito admira e tende a imitar, podendo ser até dos comportamentos mais estranhos do que é imitado.

Também filhos de um pai neurótico de guerra, por exemplo, pode desenvolver alguns tipos de neurose, devido ao fato de o pai poder ainda ter resquícios das situações conflitantes que viveu na guerra, e ser bastante agressivo com os filhos, o que pode gerar, pois, algum tipo de neurose nos filhos; isso também não se relaciona à hereditariedade. Assim, as anomalias psíquicas têm mais relação com a própria pessoa, com sua estrutura física e psíquica (volto a enfatizar), mas neste caso (neurose de guerra) me parece uma condição bem mais influente, não logicamente em razão da hereditariedade, e sim do ambiente criado pelo pai, se não se libertou de sua própria neurose. Quando um pai neurótico de guerra estiver no ambiente da família, pode gerar um ambiente muito pernicioso em casa, e os filhos, em consequência disso, serem até agressivos com outras pessoas, podendo haver muito conflito em casa, entre irmãos, pais e toda a família.

Outro aspecto são pais agressivos com a esposa e até com os filhos, o que acontece muito em nosso meio social, mesmo quando o pai não tem anomalia psíquica mais marcante, podendo influenciar nos filhos a agressividade, principalmente na fase de infância. Até mesmo a mãe pode apresentar comportamentos agressivos com os filhos e também gerar agressividade neles. Isso não é necessariamente relativo à influência hereditária física basicamente, apenas uma reação dos filhos à agressividade dos pais. A criança é mais vulnerável a receber esse tipo de influência, pois está sempre na companhia dos pais e não tem como extravasar sua emoção, então poderá ser uma criança agressiva com colegas e outras pessoas do convívio. O adolescente e os adultos, que têm seus afazeres fora de casa, podem não receber influência nesse sentido, além do mais, já têm mais consciência do que fazem. Mas pode haver também certa agressividade até mesmo na vida adulta, em parte devido a essa situação que se viveu em casa. Não se deve relacionar tudo com aspectos psicológicos. A questão da agressividade é também pessoal. Há indivíduos mais agressivos que outros, por sua condição intrínseca.

São muitas as nuanças que participam de uma condição psicológica. A criança tende a ser mais agressiva, pois ainda não tem muita consciência de seus atos e age muito por impulsos, até mesmo se os pais não são agressivos. O adolescente já tem uma maior consciência, mas ainda é um pouco agressivo, enquanto o adulto tem mais consciência e mais controle pessoal nesse aspecto, mesmo que não totalmente. Mas, se houver muitas situações conflitantes em casa, no trabalho, ou em qualquer outro ambiente, as tendências agressivas podem ser afloradas, inclusive no adulto. Há também adultos agressivos, por característica própria.

Outras condições ambientais

Até mesmo questão de adaptação pode gerar alguns comportamentos inadequados em algumas pessoas. Por exemplo, alguém que morava em uma cidade pequena, com muito espaço em casa, com quintal e área frontal, ou mesmo uma casa mais espaçosa, mesmo que sem muita área ao redor, muda-se para uma cidade maior, para um apartamento pequeno, por exemplo, pode sentir bastante e até tornar-se uma pessoa menos comunicativa, porém isso depende de outras circunstâncias, até do próprio indivíduo. Nesse caso, pode a pessoa vir a ter menos disposição, pois recebia maior influxo da natureza quando morava na sua cidade de origem, ou na que morou muito tempo. Mesmo a mudança de uma região dentro de uma mesma cidade pode também gerar problema semelhante, pois o indivíduo pode não se adaptar bem ao novo local.

Outra questão é com referência aos astros. Na fase de lua cheia, algumas pessoas tendem a ficar mais violentas, o que pode variar também, mesmo quando há lua cheia. Há ainda outros fatores com relação aos astros, que podem também muito influir no sentido do comportamento, isso é indubitável. Mas não é da alçada do psicólogo, nem mesmo do psiquiatra, que podem atuar na questão do tratamento, mas a área referente à Astrologia não faz parte do conhecimento das ciências do comportamento, no Ocidente.

Há ainda outras situações particulares, que podem ter alguma influência física e até mesmo comportamental, como excesso de radiações e poluição, acidentes de várias espécies. Tudo isso pode acontecer, afinal, a poluição é comum principalmente nas grandes cidades, assim como as radiações. Deve haver precaução contra esses fatores, pois são possíveis causas de desajustes físicos, com possibilidade de consequências até psíquicas, pois o físico tem conexão à parte psíquica. Embora os técnicos façam o controle das radiações com os aparelhos eletrodomésticos, que transmitem alguma radiação, há excesso atualmente e deveria haver maior precaução nesse sentido, por todas as pessoas. A poluição pode ser evitada também pelos indivíduos, sempre que possível. Deve-se ter precaução contra tudo, inclusive contra acidentes, de qualquer natureza.

São, portanto, diversas as causas de distúrbios e problemas psicológicos, os quais devem ser bem diagnosticados. Alguns são de diagnóstico mais difícil, mas deve ser bem pesquisado sempre. Os principais problemas com relação ao comportamento são os infantis, que são maior alvo do estudo da Psicologia. Também pode haver problemas neurológicos e físicos que afetam o comportamento e que são objeto de estudo mais da Neurologia e da Psiquiatria. Além de outros que, em certos casos, podem ter relações bem fortes, como o desequilíbrio energético. Enfim, nada pode ser desconsiderado. Outras áreas da Medicina podem detectar algo que possa influir na questão comportamental, que se relaciona à parte física, pois são diversas as situações que podem provocar qualquer enfermidade física que tenha relação com a parte psíquica.

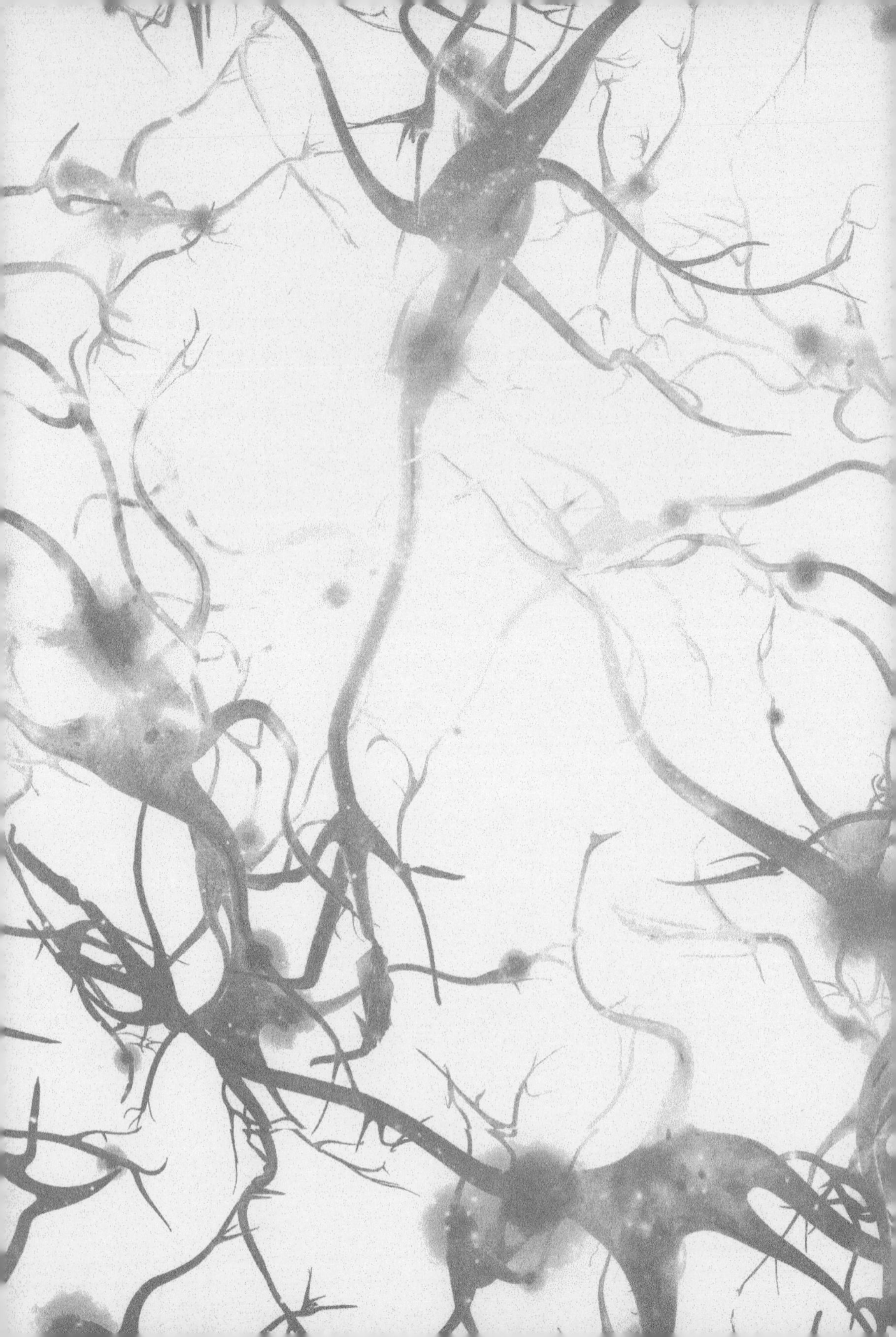

CAPÍTULO 14

Tratamentos psicológicos e outros

A Psicologia Clínica tem várias linhas de estudo com trabalhos terapêuticos. Há situações em que é preciso uma terapia mais breve, nesse caso a terapia comportamental é bastante útil. Os efeitos são mais breves, porém o trabalho não é muito profundo, contudo, para resultados mais rápidos, é mais eficiente.

Quando há necessidade de um trabalho mais profundo, a Psicanálise é muito eficaz. Também a Terapia Centrada no Cliente, além de outras linhas terapêuticas psicológicas, que são bem eficientes. Grande parte dos psicoterapeutas não adotam uma linha de trabalho específica; analisam o caso e trabalham de acordo com ele, o que é a melhor atitude.

O trabalho do psicoterapeuta, em geral, acontece principalmente pela expressão da fala do cliente, em que este pode extravasar suas emoções e seus conflitos. O psicoterapeuta permite também o aprofundamento do indivíduo em seu íntimo, até mesmo com relação à fase da infância, que, de uma forma ou de outra, pode vir à tona. Isso ocorre nas terapias mais longas.

Durante as sessões de psicoterapia, as reações do indivíduo poderão ajudá-lo a dessensibilizar as tensões psicológicas, proporcionando a melhoria de vários sintomas psíquicos. Isso ocorre pela expressão da fala do cliente, principalmente. Também os fatos imersos no inconsciente poderão também ser conscientizados, permitindo grandes benefícios, pois não será guiado por impulsos inconscientes, mesmo que ocorram eventualmente, tendem a ser bem menos. Há uma complexidade de fatores que pertencem ao inconsciente humano, mas haverá sempre uma possiblidade de sucesso pelo processo da terapia psicológica.

Quando um problema está em nível inconsciente, seria como se estivesse em agitação internamente, procurando uma saída. A parte consciente seria como uma organização dessa agitação e uma forma de escapar dessa situação. Isso tende a ocorrer na psicoterapia. Porém isso é bem mais atuante em problemas da área do desenvolvimento psicológico e não no geral, como em casos de psicose.

Pode parecer que a infância, desde o nascimento até os 5 anos de idade aproximadamente, seja inatingível, mas não é a realidade; por meios de várias técnicas, há possibilidade de ela ser alcançada, mesmo que numa forma de sensações ou de tênues lembranças, o que tem algum efeito também. Tudo isso ajuda o indivíduo a se equilibrar psicologicamente. Porém não é tudo, é preciso outros recursos às vezes. Em casos mais complexos, há necessidade da ajuda de profissionais de outras áreas.

Há muito distúrbio psíquico em nosso meio social. As experiências infantis traumatizantes podem levar o indivíduo ao desequilíbrio psíquico. Até mesmo algumas experiências não traumatizantes, que podem levar a uma fixação em alguma fase do desenvolvimento físico e psicológico infantil, podem gerar algum desajuste. Portanto, nesse caso, as terapias mais longas são mais eficazes. Um exemplo disso é a questão da amamentação, que, mesmo agradável para a criança, pode gerar certo desajuste psicológico, devido à impressão do ataque do seio materno. Embora isso não tenha para todos a mesma consequência, é um possível fator que pode ter alguma repercussão, com certo desajuste comportamental.

As terapias breves são as que atuam no indivíduo em crise, que podem trabalhar com reflexos condicionados, ou alguns outros meios para que o indivíduo possa ter uma melhora mais rápida. Porém elas não excluem a necessidade de uma posterior terapia mais longa, pois as crises não são apenas de um determinado momento, podem ter uma razão bem maior.

Atualmente, a Psicologia também usa alguns recursos mais práticos, como expressão corporal, para que o indivíduo possa extravasar seus conflitos por essa expressão, mas também não exclui as terapias tradicionais. Inclusive o psicoterapeuta pode indicar outras formas de trabalhos, de outras áreas, para o seu cliente.

Há várias necessidades das pessoas. Crianças e adolescentes, por exemplo, têm muita energia e precisam gastar suas energias, do contrário podem ficar nervosos em casa, também na escola podem não render bem, além de outras dificuldades. Alguns pais não permitem que os adolescentes saiam de casa sozinhos. Todavia, ficando em casa, os jovens não têm como gastar suas energias, necessitando, pois, sair para realizar atividades que possam ajudá-los a extravasar suas energias, como esportes, exercícios e outras que preferir. Embora haja riscos de os adolescentes entrosarem no meio de pessoas de caráter duvidoso, não há como querer prendê-los em casa. Uma boa terapia para ele, nesse caso, é mesmo dar seus passeios e fazer suas atividades. Certamente deve haver uma supervisão dos pais, para saberem onde seu filho está, com quem anda, mas é preciso deixar o adolescente fazer seus passeios fora de casa. Isso não significa também que o filho não tenha necessidade de uma psicoterapia normal. Às vezes, porém, basta gastar sua energia para obter seu ajuste psicológico.

Um diagnóstico na Psicologia também é essencial, por meio de testes, observações e pela entrevista com os pais e o cliente, quando criança ou o adolescente. Até mesmo para um adulto a entrevista com os pais também pode haver, dependendo do caso.

Há outros tipos de tratamento, como o tratamento psiquiátrico, em que o profissional (que é da área médica) usa recursos médicos, com remédios para cada caso, ou também alguns tratamentos que podem até causar polêmicas, como os choques elétricos. O médico neurologista também pode ajudar nos tratamentos de desajustes psíquicos, também com recursos médicos.

Muitos outros tipos de ajuda terapêutica podem auxiliar os trabalhos psicológicos e de outros profissionais. *As massagens*, por exemplo, podem ajudar o indivíduo a equilibrar seu nível energético e ajuda nos distúrbios psicológicos, pois o desequilíbrio energético pode ser um fator bem significativo nos desequilíbrios psíquicos. *A Medicina Natural* também pode ajudar, pois, além de usar remédios naturais de plantas, também usa o recurso do equilíbrio energético, pelo equilíbrio térmico do corpo, com trabalhos de banhos terapêuticos e outros recursos, que podem ser importantes no ajuste energético, físico e até psíquico. Esse tratamento é, atualmente, bem difícil de se encontrar. Entretanto, a Fisioterapia faz trabalhos semelhantes. A alimentação bem balanceada é de suma importância ao equilíbrio energético.

Há uma diversidade de recursos terapêuticos; não significa que os profissionais da área do comportamento tenham que misturar outros tipos de tratamentos sempre. Pode apenas em situações apropriadas pedir ajuda a outros profissionais, quando sentir necessidade. Além do que foi descrito aqui, há diversos outros tipos de terapias para controle psíquico e físico do indivíduo, mas pode algum ser mais específico para alguns casos e ajudar bastante. Até mesmo o próprio interessado pode procurar outros profissionais para seu caso, se sentir necessidade e se tiver também condições para isso. Atualmente há muita informação sobre tudo o que se precisa, por meio da internet, de livros, revistas e outros meios de imprensa. Assim, poderá o indivíduo ajudar a si próprio, mas sem deixar de procurar o que é mais importante no seu caso. Em casos referentes a distúrbios psicológicos, certamente o psicólogo é o mais indicado. Em casos psiquiátricos, que envolvem quadros psicóticos, o psiquiatra é o mais indicado. A ajuda externa é importante, mas o indivíduo também deve fazer sua parte, no que for preciso, quando tem reais condições.

A importância da Psicologia

Há pessoas que pensam que a Psicologia não tem muita importância, porém tem grande valor, pois a vida social atual é muito complexa e pode ajudar a gerar vários distúrbios psicológicos no indivíduo, além de outros fatores. Com a complexidade social, há também cada vez mais áreas de atuação da Psicologia Clínica e Empresarial.

Além das terapias individuais, há também terapias com casais. Nesse caso, há alguns profissionais que têm mais experiência e podem ajudar os casais a viverem melhor no relacionamento entre os dois, e com os filhos também.

Pelas terapias individuais conseguem-se bons resultados. As terapias em grupo são também eficazes e são diversos os métodos de trabalho, como o Psicodrama, que usa a dramatização, como numa peça de teatro, tendo cada pessoa um papel para desempenhar no grupo. Isso pode ajudar o indivíduo em termos individuais e também sociais. A terapia de grupo é um trabalho mais prático, portanto tem seu valor, pois a prática leva o indivíduo a se desenvolver mais, em sentido social, também se pode desenvolver individualmente. Os trabalhos individuais têm também seu valor, pois são mais profundos e permitem que o indivíduo se conheça melhor. Dependendo da situação do indivíduo, pode-se fazer o que melhor encaixe na sua situação.

Há outros trabalhos de terapia em grupo, de algumas linhas psicológicas, como a Gestalt Terapia, que tem sua terapia individual e de grupos, além de outras espécies de psicoterapia, que também tem seus trabalhos em grupo, com suas técnicas específicas, mas tudo visando ao benefício individual do cliente.

Muitas empresas de diversas áreas solicitam o trabalho da Psicologia Clínica para seus trabalhadores e se satisfazem bastante.

As terapias com crianças também são muito efetivas. São realizadas pelas Ludoterapia principalmente. O trabalho com os pais também é feito e os resultados são bem notórios.

Há também psicólogos clínicos que atuam em diversas empresas e conseguem bons resultados no que podem fazer.

Outra área de atuação é a Psicologia Jurídica, que trabalha com pessoas condenadas pela justiça. São usados testes para tentar determinar alguma psicopatologia no indivíduo, além de outros trabalhos.

Em hospitais também é uma área de atuação da Psicologia; os profissionais da Psicologia podem ajudar, não em tratamentos médicos especificamente, mas quando é necessário o trabalho psicológico.

Existe também a Psicologia Empresarial, que usa basicamente testes psicológicos para admissão em empresas. Há clínicas psicológicas especializadas em testes de exames de motoristas, também trabalhos empresariais diversos, para empresas diferentes e várias pessoas.

A Psicologia tem meios para trabalhar com o indivíduo e para conhecê-lo, detectando inclusive a origem de certos distúrbios concernentes à sua área. Embora nem tudo possa resolver, pois precisa de auxílio de outros profissionais, pode prestar bons serviços para que possa melhorar a condição individual e até coletiva, em termos sociais.

A Psiquiatria

Também tem grande importância, pois trabalha com seus recursos médicos, basicamente com a prescrição de remédios, além de outros recursos próprios. As doenças mais graves em nível psíquico normalmente têm relação com aspectos físicos. O tratamento da Psiquiatria proporciona bons resultados. Até mesmo outros tratamentos diversos da área médica podem ajudar, pois as doenças físicas, em geral, podem causar desajustes psíquicos.

O psiquiatra solicita exames de laboratório e físicos, para o diagnóstico. Pode pedir ajuda ao psicólogo para o tratamento, se achar necessário, além de outros profissionais, da área médica ou da que achar necessária. Faz entrevista com a pessoa e a família, para melhor diagnóstico e tratamento. Se for preciso, solicita o internamento, pois às vezes é necessário.

Outro trabalho também que muita ajuda o psiquiatra e tem relação direta com distúrbios psíquicos é o do médico neurologista. Grande parte das doenças psíquicas tem relação com problemas neurológicos.

A Parapsicologia

A Parapsicologia é uma disciplina independente. Trabalha no sentido de diagnóstico das áreas mais sutis do ser humano. Usa inclusive uma máquina para diagnóstico de desajustes da aura humana. Essa máquina é conhecida como Kirliangrafia, descoberta pelo russo Semyon Kirlian. Pode realmente diagnosticar problemas psíquicos e até físicos.

Com essa máquina, tira-se uma espécie de fotografia de um dos dedos da mão, na qual se revelam várias cores. Por essas cores, podem-se fazer vários diagnósticos, realmente corretos, se bem interpretados.

Os profissionais da Parapsicologia usam essa máquina para auxiliar em seu trabalho. Há outras máquinas especiais para detectar tipos de energia que existem em alguns locais, requisitados para esse trabalho.

Os avanços tecnológicos podem ajudar muito no progresso da ciência. Essa é uma ciência ainda recente, mas pode desenvolver-se mais com o tempo.

A Parapsicologia também não tem relação com a Psicologia. É uma forma de detectar e trabalhar com energias mais sutis. É possível haver também alguma relação com o aspecto psicológico, podendo auxiliar também o trabalho psicológico e psiquiátrico.

Conclusão

Há muitos fatores que podem originar os distúrbios psíquicos. Em relação aos distúrbios mais simples, como os vários tipos de neurose, são diversas as possíveis causas, o mesmo ocorre com a psicose. Praticamente não há algum indivíduo que não tenha um sintoma de algum distúrbio psicopatológico, mesmo sendo considerado um indivíduo normal. A neurose pode ter mais relação com o desenvolvimento psicológico, embora haja outras possibilidades. A causa da psicose é bem mais geral, com vários fatores influentes, principalmente alguma patologia física, que pode interferir mais.

Na neurose, o indivíduo tem mais controle sobre si. Um dos principais fatores para o autocontrole é ter em mente que somos limitados, e reconhecer nossas limitações e falhas, sem pretendermos ser prepotentes. Essa tendência à prepotência em parte provém da infância, que é uma grande fase de origem dos distúrbios psíquicos, devido às impressões equivocadas, que podem ficar com a pessoa por toda sua vida. Muitas vezes não nos aceitamos como seres humanos limitados. Mas quando nos aceitamos com nossas falhas, podemos também nos sentir melhor internamente e não nos culparmos por nossos erros, porém isso não é tudo, a psicoterapia é bem mais abrangente.

Mesmo reconhecendo nossas falhas, pois são normais, devemos tentar não as repetir. Embora em simples fatos, às vezes, não há como falhar em algumas situações repetidas, por exemplo, esquecer um pequeno detalhe que nos foi falado por alguém. Isso pode acontecer mais de uma vez, pois o indivíduo pode ter que se lembrar de vários outros fatos. Mas não devemos nos preocupar com atos como esses, que sempre ocorrem. Isso também significa estarmos conscientes de nossas limitações, o que é importante.

Não devemos querer ser perfeitos, pois nenhum ser humano é perfeito, embora devamos tentar melhorar no que pudermos, dentro de nossas condições.

Muitas pessoas não aceitam nossas falhas, mas todos têm as suas. Portanto, não devemos nos deixar influenciar por outras pessoas que exigem demais de nós, sem muitas razões. Temos nossas falhas realmente, porém, se outras pessoas não admitem as nossas falhas, podemos contestar essas pessoas, sem provocar os outros, apenas nos defendendo. É importante que procuremos sempre a paz com todos, que é uma condição relevante para nosso bem-estar geral.

Há muitos fatores que influem no desequilíbrio psíquico, tais como: as patologias físicas (principalmente na psicose), o desenvolvimento psicológico (que pode gerar alguns desajustes psíquicos de uma forma geral), o desequilíbrio energético físico, e até o que é mais sutil nos seres humanos, a aura, que, se não estiver em boas condições, pode desequilibrar o indivíduo, também a estrutura física e psíquica individual (que é um fator importante), e ainda influências sociais. Há outros fatores também que podem influenciar, por exemplo: causas ambientais diversas e de pressões variadas (de trabalho, dos estudos), que podem se relacionar também a alguns distúrbios. Ainda: acidentes, excesso de radiações, poluições, além de outras causas específicas de algum indivíduo.

Um exemplo importante das influências sociais ocorre no caso da Psicopatia, sendo um aspecto bem significativo. Na depressão, aspectos ambientais podem estar envolvidos, porém um fator primordial nesse caso é o desequilíbrio energético. A questão familiar e do desenvolvimento psicológico do indivíduo também podem ajudar no caso de distúrbios psicológicos diversos. As pressões e o estresse podem influir no despertar de certas crises psicológicas. Várias patologias físicas podem também ter relação ao desajuste psíquico mais grave, como nas psicoses, além de distúrbios diversos em áreas específicas. Até mesmo a aura humana está envolvida nas questões de saúde em geral, porém não é da área de estudo das ciências ocidentais. Há outras causas diversas e também específicas de cada indivíduo.

O diagnóstico é sempre necessário também na área comportamental. Todas as causas devem ser consideradas, inclusive algumas particulares de cada um.

Realmente há muitas causas de distúrbios psíquicos. Os teóricos da Psicologia desenvolveram teorias importantes, porém alguns tentaram explicar o que a Psicologia não tem relação direta, ou mesmo pouca relação. Muitos tentaram relacionar a infância a todo tipo de comportamento desajustado, mas nem sempre a causa é relativa ao desenvolvimento psicológico de forma mais influente. Também tentaram relacionar inclusive todas as psicopatologias apenas à fase da infância, mas nem sempre isso é o fator principal. É preciso mesmo ter conhecimentos mais generalizados para conhecer melhor o indivíduo.

Muitos não acreditam no que não é estudo da ciência ocidental, como a aura humana, mas não deveríamos negar nenhum estudo. Os conhecimentos orientais são bem profundos, não são meras teorias inventadas por alguém sem conhecimento. Atualmente já existem até máquinas que podem comprovar alguns fatos, como a aura humana, que é a máquina Kirlian, além de outras máquinas e até alguns meios de detecção de energias mais sutis de ambientes diversos, como nos trabalhos de radiestesia.

Não estou pretendendo confundir trabalhos científicos com outros que não são considerados científicos por nossa tradição, pois realmente não deve haver muita mistura, para que não haja confusões. Apenas estou fornecendo algumas noções para quem se interessa, quando necessário for, além do que é considerado científico, pela tradição ocidental.

Muito se fala em doenças devido ao desequilíbrio emocional, mas o que realmente pode provocar doenças físicas e até psíquicas é desconsiderar o próximo, tentar prejudicá-lo, também tratar os outros com muita rispidez. Isso pode criar algum clima de negatividade no indivíduo, que pode influir na saúde, em geral. Não creio muito que apenas o desequilíbrio emocional seja responsável por todas as doenças. Esse pode ser mais uma consequência do desequilíbrio energético do corpo. Não acredito que seja causa direta de doenças. Exceto se for por motivos bem marcantes na vida da pessoa, com longa duração do período de emoções negativas, assim mesmo não penso que influi de uma maneira tão incisiva; embora haja algumas comprovações, são fatos isolados. O que já observei até hoje foi mesmo pessoas rudes, que tentam prejudicar o próximo e não respeitam o direito dos outros, terem sérios problemas, até sem recuperação, em certos casos.

Quando compreendemos que todas as pessoas têm seu valor e também estão se desenvolvendo como nós, têm seus direitos, independente de classe social, cor e qualquer outro atributo, tendemos a ter consideração e até empatia para com essas pessoas. Do contrário, pode o indivíduo ter surpresas bastante desagradáveis, quando trata mal as pessoas e prejudica os outros. O desenvolvimento pessoal inclui também sabermos que todas as pessoas estão evoluindo como nós mesmos, até mesmo animais e vegetais estão em evolução, e tudo o mais que possamos compreender com esforço e conhecimento científico, além das experiências.

Precisamos de fato nos controlar em vários sentidos. Uma alimentação bem balanceada e sem exageros é importante tanto para a saúde física, quanto para a psíquica; não que seja tudo, mas é um dos fatores principais, que se refere principalmente ao equilíbrio energético. A nutrição em geral é importante, receber bons fluidos do ar, tomar banhos energéticos, também receber os raios solares (com o cuidado de não ficar por longo tempo exposto, principalmente na parte da tarde).

Há também casos de magia negra, em que algumas pessoas sem escrúpulo fazem trabalhos espirituais para prejudicar outras. Pode realmente ter consequências perniciosas para quem é vítima disso. Muitos não acreditam que é real. Porém, se forem pesquisar a respeito, poderão saber que é uma possibilidade real e com consequências perniciosas à vítima. Isso pode provocar também doenças físicas e até psíquicas, além de outros problemas diversos. A Psicologia e a Psiquiatria não trabalham nesses casos. Isso fica a cargo de pessoas que lidam diretamente com tais casos, que são os espiritualistas. Não se deve pensar que simples orações podem resolver esses casos. Embora tenham valor, é preciso um trabalho mais ostensivo por quem tem condições de realizá-lo. Há os espiritualistas especializados nessa parte. Duvidar disso e não procurar ajuda é o pior que pode acontecer, para quem é vítima.

Devemos procurar também elevar nosso nível de conhecimento, lendo bastante, fazendo alguns cursos, pesquisando também em várias fontes, na medida do possível. Tudo isso pode não ser agradável para muitos, mas é o que mais nos liberta. Do contrário, seremos mais dependentes e poderemos ser enganados várias vezes. Porém, mesmo com um bom nível de conhecimento, não devemos pensar que podemos realizar tudo. Precisamos de ajuda de outras pessoas, quase sempre. Precisamos também de ajuda terapêutica e tudo o mais que for preciso, porém sem sermos dependentes sempre.

Há pessoas que não podem comprar livros, nem mesmo fazer cursos. Porém muitos desses frequentam bibliotecas, fazem cursos gratuitos em instituições de assistência social, consultam a internet quando é possível. Essas pessoas até conseguem às vezes passar em algum concurso, embora não seja tão fácil assim, pois já têm de ter algum curso anterior. Mas realmente há os que se esforçam bastante em melhorar seu nível de conhecimento e alcançam uma condição de vida bem melhor.

Há também alguns outros fatos, que podem incomodar em alguns sentidos. Algumas pessoas querem nos impor sua religião, para que a sigamos. Também devemos saber bem sobre a religião do indivíduo que tenta nos convencer. Às vezes pode ser alguém que admiramos bastante, ou até nossos pais, e isso influi até mesmo na escolha de religiões. Porém não existe nenhuma religião perfeita, então não devemos nos deixar iludir por outras pessoas. Não significa que uma ou outra religião não tenha sua importância, mas não devemos deixar nos influenciar facilmente nesse caso também. Muitos querem propagar uma religião apenas pelo entusiasmo de terem recebido alguns benefícios, mas isso nem sempre acontece. É preciso ser realista também. Certas questões de caráter religioso podem influir no comportamento, de uma forma positiva, porém, em alguns casos, de forma negativa, se a pessoa for radical principalmente.

Os exercícios físicos também são importantes para o equilíbrio psicológico e físico, pois melhoram o nível energético. No entanto, devem ser feitos com a supervisão de alguém, no início pelo menos, para que não possa provocar alguns problemas. Depois, pode-se praticá-lo em casa mesmo, se souber bem o que se faz. Também não é agradável realmente fazer exercícios físicos, mas, se tivermos consciência de que realmente nos fazem bem e são necessários, vamos praticá-los, pois os benefícios são maiores do que o esforço que fazemos nessas atividades. Os exercícios, aliados à respiração de uma forma adequada, podem ajudar também no controle de enfermidades, físicas e psíquicas. Apesar de ser apenas uma ajuda, que não resolve os problemas mais difíceis, é um recurso a mais.

Os exercícios físicos combinados com técnicas respiratórias são muito úteis, pois se recebe o ar de uma forma que o corpo melhor possa aproveitá-lo. O ar é o que mais sustenta o homem. Mas em tudo se deve saber como se faz. Os exercícios respiratórios, se forem feitos rapidamente, podem gerar alguns desajustes físicos. Alguns desses exercícios respiratórios feitos mais rapidamente visam apenas à oxigenação da parte superior do corpo, principalmente. Por outro lado, exercícios físicos feitos de uma forma inapropriada podem gerar certos desajustes físicos. Portanto, nada deve ser feito sem conhecimento específico, pois pode gerar até problemas posteriormente.

As caminhadas longas, de dois ou mais quilômetros, também podem fazer muito bem ao físico, com possíveis repercussões positivas até no aspecto psíquico. Quando andamos, movimentamos todo o corpo, pois, além dos pés e pernas, movimentamos o braço, a cabeça – pois temos de olhar o que está ao nosso lado, como automóveis e o mais que observarmos – até mesmo a região do abdômen. Se o corpo se movimenta todo, também faz com que os fluidos do corpo se movimentem, o que ajuda a proporcionar mais saúde e energia à pessoa.

A natação também é um bom exercício, pois movimenta todo o corpo. Além disso, pode ajudar no equilíbrio térmico do corpo, que muito contribui na prevenção e até na cura de problemas de saúde, inclusive psíquica. Isso é apenas um recurso a mais, que é útil, mas nem tudo resolve.

Outro fato é que o indivíduo não deve ser radical. O fanatismo é um dos maiores males do ser humano. Quem pensa que um tipo de terapia, ou uma filosofia, de uma forma isolada pode resolver todos os problemas engana-se bastante. Nem mesmo uma religião é totalmente suficiente para tudo resolver. Nem a ciência tudo pode fazer para sanar todos os problemas, embora seja o que mais promove efeitos positivos no ser humano.

Quando o indivíduo necessita de uma psicoterapia, deve se submeter a um trabalho psicoterápico. Porém não deve pensar que o psicólogo é como um conselheiro, que tudo pode explicar ao cliente. Não é como um vidente, que poderá lhe responder questões futuras; não é também um terapeuta holístico, que faz diversos tipos de trabalhos terapêuticos. O trabalho da Psicologia Clínica é apenas no sentido comportamental. Todos os outros tipos de trabalho são também específicos, e juntos podem proporcionar grandes avanços de saúde e de um modo geral.

Referências bibliográficas

CORRÊA, Antonio Carlos Oliveira. *Introdução à psiquiatria reflexológica.* Imprensa Oficial do Estado de Minas Gerais, 1975.

DEUTSCH, Helene. *Problemas psicológicos da adolescência.* Rio de Janeiro: Zahar, 1974.

GRAEFF, Frederico Guilherme; BRANDÃO, Marcus Lira; TOMAZ, Carlos; GUIMARÃES, Francisco S. *Neurobiologia das doenças mentais.* São Paulo: Lemos, 1993.

Este livro foi composto com tipografia Bembo e
impresso em papel Pólen Natural 80g.
em fevereiro de 2024.